FED, ¿dinero fácil?

Cómo la Reserva Federal provocó la hiperinflación y quebró la economía mundial

able of Contents

Introduction

Fed, ¿dinero fácil? es el libro que demuestra cómo la Reserva Federal causó la hiperinflación y quebró la economía mundial.

Este libro revelador expone cómo las políticas de dinero fácil de la Reserva Federal han conducido al desastre económico una y otra vez. Es una lectura obligada para cualquiera que quiera entender lo que está pasando en la economía actual. La reciente crisis financiera ha llevado a muchos a cuestionar el papel de la Reserva Federal en el mantenimiento de una economía sana. En particular, algunos han criticado a la Reserva Federal por sus políticas de dinero fácil, que, en su opinión, condujeron a la burbuja inmobiliaria y a su posterior quiebra. Si bien es cierto que las acciones de la Reserva Federal desempeñaron un papel en la crisis, es importante entender las razones que subyacen a su toma de decisiones. El mandato principal de la Fed es promover la estabilidad de los precios y el pleno empleo. En tiempos de dificultades económicas, la Fed suele bajar los tipos de interés para fomentar el endeudamiento y el gasto. Aunque esta política puede provocar a veces presiones inflacionistas, suele considerarse un mal necesario para evitar una recesión más profunda. En el caso de la reciente crisis, las políticas de dinero fácil de la Reserva Federal pretendían evitar un colapso total del sistema financiero. Aunque estas políticas pueden haber tenido algunas consecuencias no deseadas, es importante recordar que su intención no era causar daño, sino proteger la economía de un daño mayor.

Aprenderá todo lo que necesita saber sobre la Reserva Federal y por qué es responsable de la hiperinflación y la ruina económica. Una vez que haya leído este libro, no volverá a ver el mundo de las finanzas de la misma manera.

Reserva Federal

El **Sistema de la Reserva Federal** (también conocido como la **Reserva Federal** o simplemente **la Fed**) es el sistema bancario central de los Estados Unidos de América. Fue creado el 23 de diciembre de 1913, con la promulgación de la Ley de la Reserva Federal, después de que una serie de pánicos financieros (en particular, el pánico de 1907) provocaran el deseo de un control central del sistema monetario para aliviar las crisis financieras. A lo largo de los años, acontecimientos como la Gran Depresión de los años 30 y la Gran Recesión de la década de 2000 han llevado a la ampliación de las funciones y responsabilidades del Sistema de la Reserva Federal.

El Congreso de Estados Unidos estableció tres objetivos clave para la política monetaria en la Ley de la Reserva Federal: maximizar el empleo, estabilizar los precios y moderar los tipos de interés a largo plazo. Los dos primeros objetivos se denominan a veces el doble mandato de la Reserva Federal. Sus funciones se han ampliado a lo largo de los años, y en la actualidad incluyen también la supervisión y regulación de los bancos, el mantenimiento de la estabilidad del sistema financiero y la prestación de servicios financieros a las instituciones de depósito, al gobierno de Estados Unidos y a las instituciones oficiales extranjeras. La Fed también lleva a cabo investigaciones sobre la economía y ofrece numerosas publicaciones, como el Libro Beige y la base de datos FRED.

El Sistema de la Reserva Federal se compone de varios niveles. Está gobernado por la Junta de Gobernadores, nombrada por el presidente, o Junta de la Reserva Federal (FRB). Doce bancos regionales de la Reserva Federal, situados en ciudades de todo el país, regulan y supervisan los bancos comerciales de propiedad privada. Los bancos comerciales constituidos a nivel nacional están obligados a tener acciones en el Banco de la Reserva Federal de su región y pueden elegir a algunos de sus miembros.

El Comité Federal de Mercado Abierto (FOMC) establece la política monetaria. Está formado por los siete miembros de la Junta de Gobernadores y los doce presidentes de los bancos regionales de la Reserva Federal, aunque sólo votan cinco presidentes de bancos a la vez: el presidente de la Reserva Federal de Nueva York y otros cuatro que rotan por mandatos de un año. También hay varios consejos consultivos. Tiene una estructura única entre los bancos centrales, y también es inusual que el Departamento del Tesoro de los Estados Unidos, una entidad ajena al banco central, imprima la moneda utilizada.

El gobierno federal fija los salarios de los siete gobernadores de la junta, y recibe todos los beneficios anuales del sistema, una vez pagados los dividendos de las inversiones de capital de los bancos miembros, y se mantiene un superávit en las cuentas. En 2015, la Reserva Federal obtuvo unos ingresos netos de 100.200 millones de dólares y transfirió 97.700 millones de dólares al Tesoro de EE.UU., y los beneficios de 2020 fueron aproximadamente

88.600 millones de dólares, con unas remesas al Tesoro de Estados Unidos de 86.900 millones de dólares. Aunque es un instrumento del Gobierno de EE.UU., el Sistema de la Reserva Federal se considera a sí mismo "un banco central independiente porque sus decisiones de política monetaria no tienen que ser aprobadas por el Presidente ni por ningún otro miembro de los poderes ejecutivo o legislativo del Gobierno, no recibe financiación asignada por el Congreso y los mandatos de los miembros de la junta de gobernadores abarcan múltiples mandatos presidenciales y del Congreso".

Propósito

La principal motivación declarada para la creación del Sistema de la Reserva Federal fue hacer frente a los pánicos bancarios. En la Ley de la Reserva Federal se recogen otros propósitos, como "proporcionar una moneda elástica, ofrecer medios de redescuento de papel comercial, establecer una supervisión más eficaz de la banca en los Estados Unidos, y para otros fines". Antes de la fundación del Sistema de la Reserva Federal, Estados Unidos sufrió varias crisis financieras. Una crisis especialmente grave en 1907 llevó al Congreso a promulgar la Ley de la Reserva Federal en 1913. En la actualidad, el Sistema de la Reserva Federal tiene otras responsabilidades además de estabilizar el sistema financiero.

Las funciones actuales del Sistema de la Reserva Federal incluyen:

- Para abordar el problema de los pánicos bancarios
- Servir como banco central de los Estados Unidos

- Lograr un equilibrio entre los intereses privados de los bancos y la responsabilidad centralizada del gobierno o Supervisar y regular las instituciones bancarias o Proteger los derechos de crédito de los consumidores
- Gestionar la oferta monetaria del país a través de la política monetaria para alcanzar los objetivos, a veces contradictorios, de o máximo empleo
  - precios estables, incluyendo la prevención de la inflación o la deflación o
    tipos de interés moderados a largo plazo
- Mantener la estabilidad del sistema financiero y contener el riesgo sistémico en los mercados financieros
- Prestar servicios financieros a las instituciones de depósito, al gobierno de Estados Unidos y a las instituciones oficiales extranjeras, lo que incluye desempeñar un papel importante en el funcionamiento del sistema de pagos del país o
    Para facilitar el intercambio de pagos entre regiones o Responder a las necesidades locales de liquidez
- Reforzar la posición de Estados Unidos en la economía mundial

Abordar el problema de los pánicos bancarios

Las instituciones bancarias de Estados Unidos están obligadas a mantener reservas -montos de dinero y depósitos en otros bancos- equivalentes a sólo una fracción del importe de las obligaciones de depósito del banco frente a los clientes. Esta práctica se denomina banca con reservas fraccionarias. Como resultado, los bancos suelen invertir la mayor parte de los fondos recibidos de los depositantes. En raras ocasiones, demasiados clientes del banco retirarán sus ahorros y el banco necesitará la ayuda de otra institución para seguir operando; esto se denomina corrida bancaria. Las corridas bancarias pueden provocar multitud de problemas sociales y económicos. El Sistema de la Reserva Federal se diseñó como un intento de prevenir o minimizar la ocurrencia de corrida bancaria, y posiblemente actuar como prestamista de último recurso cuando se produce una corrida bancaria. Muchos economistas, como el premio Nobel Milton Friedman, creen que la Reserva Federal se negó a prestar dinero a los bancos pequeños durante las crisis bancarias de 1929; Friedman argumentó que esto contribuyó a la Gran Depresión.

Sistema de compensación de cheques

Debido a que algunos bancos se negaban a compensar los cheques de otros bancos en tiempos de incertidumbre económica, se creó un sistema de compensación de cheques en el Sistema de la Reserva Federal. Se describe brevemente en *The Federal Reserve System-Purposes and Functions* como sigue:

Con la creación del Sistema de la Reserva Federal, el Congreso pretendía eliminar las graves crisis financieras que periódicamente habían azotado a la nación, especialmente el tipo de pánico financiero que se produjo en 1907. Durante ese episodio, los pagos se vieron interrumpidos en todo el país porque muchos bancos y cámaras de compensación se negaron a compensar los cheques emitidos por otros bancos, una práctica que contribuyó a la quiebra de bancos por lo demás solventes. Para solucionar estos problemas, el Congreso otorgó al Sistema de la Reserva Federal la autoridad para establecer un sistema de compensación de cheques a nivel nacional. El Sistema, por tanto, debía proporcionar no sólo una moneda elástica -es decir, una moneda que se expandiera o redujera en cantidad según las condiciones económicas- sino también un sistema de cobro de cheques eficiente y equitativo.

Prestamista de última instancia

En Estados Unidos, la Reserva Federal actúa como prestamista de última instancia para aquellas instituciones que no pueden obtener crédito en otra parte y cuyo colapso tendría graves consecuencias para la economía. Asumió esta función de las "cámaras de compensación" del sector privado que operaban durante la Era de la Banca Libre; ya sea pública o privada, la disponibilidad de liquidez tenía como objetivo evitar las corridas bancarias.

Fluctuaciones

A través de su ventanilla de descuento y sus operaciones de crédito, los Bancos de Reserva proporcionan liquidez a los bancos para satisfacer las necesidades a corto plazo derivadas de las fluctuaciones estacionales de los depósitos o de las retiradas inesperadas. También se puede proporcionar liquidez a más largo plazo en circunstancias excepcionales. El tipo de interés que la Reserva Federal cobra a los bancos por estos préstamos se denomina tipo de descuento (oficialmente, tipo de crédito primario).

Al conceder estos préstamos, la Fed sirve de amortiguador frente a las fluctuaciones diarias inesperadas de la oferta y la demanda de reservas. Esto contribuye al funcionamiento eficaz del sistema bancario, alivia la presión en el mercado de reservas y reduce el alcance de los movimientos inesperados de los tipos de interés. Por ejemplo, el 16 de septiembre de 2008, la Junta de la Reserva Federal autorizó un préstamo de 85.000 millones de dólares para evitar la quiebra del gigante internacional de los seguros American International Group (AIG).

Banco central

En su papel de banco central de los Estados Unidos, la Fed actúa como banco de los banqueros y como banco del gobierno. Como banco del banquero, ayuda a garantizar la seguridad y la eficiencia del sistema de pagos. Como banco del gobierno o agente fiscal, la Fed procesa una variedad de transacciones financieras que implican billones de dólares. Al igual que un particular puede tener una cuenta en un banco, el Tesoro de Estados Unidos mantiene una cuenta corriente en la Reserva Federal, a través de la cual se gestionan los depósitos de impuestos federales entrantes y los pagos del gobierno salientes. Como parte de esta relación de servicios, la Reserva Federal vende y rescata valores del gobierno de Estados Unidos, como bonos de ahorro y letras, pagarés y bonos del Tesoro. También emite las monedas y el papel moneda de la nación.

El Tesoro de EE.UU., a través de su Oficina de la Moneda y la Oficina de Grabado e Impresión, produce realmente el suministro de efectivo de la nación y, en efecto, vende el papel moneda a los Bancos de la Reserva Federal al coste de fabricación, y las monedas al valor nominal. Los Bancos de la Reserva Federal lo distribuyen luego a otras instituciones financieras de diversas maneras. Durante el año fiscal 2013, la Oficina de Grabado e Impresión entregó 6.600 millones de billetes a un coste medio de 5,0 céntimos por billete.

Fondos federales

Los fondos federales son los saldos de reserva (también llamados Depósitos de la Reserva Federal) que los bancos privados mantienen en su Banco de la Reserva Federal local. Estos saldos son las reservas homónimas del Sistema de la Reserva Federal. El propósito de mantener fondos en un Banco de la Reserva Federal es tener un mecanismo para que los bancos privados se presten fondos entre sí. Este mercado de fondos desempeña un papel importante en el Sistema de la Reserva Federal, ya que es lo que inspiró el nombre del sistema y es lo que se utiliza como base para la política monetaria. La política monetaria se lleva a cabo en parte influyendo en los intereses que los bancos privados se cobran entre sí por el préstamo de estos fondos.

Las cuentas de la reserva federal contienen crédito de la reserva federal, que puede convertirse en billetes de la reserva federal. Los bancos privados mantienen sus reservas bancarias en cuentas de la reserva federal.

Regulación bancaria

La Reserva Federal regula los bancos privados. El sistema se diseñó a partir de un compromiso entre las filosofías opuestas de la privatización y la regulación gubernamental. En 2006, Donald L. Kohn, vicepresidente de la Junta de Gobernadores, resumió la historia de este compromiso:

Los intereses agrarios y progresistas, liderados por William Jennings Bryan, estaban a favor de un banco central bajo control público, y no de los banqueros. Pero la gran mayoría de los banqueros del país, preocupados por la intervención del gobierno en el negocio bancario, se opusieron a una estructura de banco central dirigida por designaciones políticas.

luchó para equilibrar estos dos puntos de vista opuestos y creó la estructura híbrida público-privada, centralizada-descentralizada que tenemos hoy.

El equilibrio entre los intereses privados y el gobierno también puede verse en la estructura del sistema. Los bancos privados eligen a los miembros del consejo de administración de su banco regional de la Reserva Federal, mientras que los miembros de la junta de gobernadores son seleccionados por el Presidente de los Estados Unidos y confirmados por el Senado.

Regulación y supervisión gubernamental

La Ley de Auditoría de las Agencias Bancarias Federales, promulgada en 1978 como Ley Pública

95-320 y el artículo 714 del 31 U.S.C. establecen que la Junta de Gobernadores del Sistema de la Reserva Federal y los bancos de la Reserva Federal pueden ser auditados por la Oficina de Responsabilidad del Gobierno (GAO).

La GAO está facultada para auditar el procesamiento de cheques, el almacenamiento y los envíos de divisas, y algunas funciones de reglamentación y examen bancario; sin embargo, existen restricciones a lo que la GAO puede auditar. En virtud de la Ley de Auditoría de Agencias Bancarias Federales, 31 U.S.C. sección 714(b), las auditorías de la Junta de la Reserva Federal y de los bancos de la Reserva Federal no incluyen (1) las transacciones para o con un banco central o gobierno extranjero o una organización de financiación internacional no privada; (2) las deliberaciones, decisiones o acciones sobre asuntos de política monetaria; (3) las transacciones realizadas bajo la dirección del Comité Federal de Mercado Abierto; o (4) una parte de una discusión o comunicación entre los miembros de la Junta de Gobernadores y los funcionarios y empleados del Sistema de la Reserva Federal relacionada con los puntos (1), (2) o (3). Véase Auditorías del Sistema de la Reserva Federal: Restricciones al acceso de la GAO (GAO/T-GGD94-44), declaración de Charles A. Bowsher.

La Junta de Gobernadores del Sistema de la Reserva Federal tiene una serie de responsabilidades de supervisión y regulación en el sistema bancario estadounidense, pero no la responsabilidad completa. La Reserva Federal ofrece una descripción general de los tipos de regulación y supervisión del sistema bancario estadounidense:

La Junta también desempeña un papel importante en la supervisión y regulación del sistema bancario estadounidense. Es responsable de la supervisión de los bancos estatales miembros del Sistema de la Reserva Federal, de los holdings bancarios (empresas que controlan los bancos), de las actividades en el extranjero de los bancos miembros, de las actividades en Estados Unidos de los bancos extranjeros y de la Ley Edge y de las "corporaciones de acuerdo"
(instituciones de propósito limitado que se dedican a la actividad bancaria en el extranjero). El Consejo y, bajo la autoridad delegada, los Bancos de la Reserva Federal, supervisan aproximadamente 900 bancos estatales miembros y 5.000 sociedades de cartera bancaria. Otros organismos federales también actúan como principales supervisores federales de los bancos comerciales; la Oficina del Contralor de la Moneda supervisa los bancos nacionales, y la Corporación Federal de Seguros de Depósitos supervisa los bancos estatales que no son miembros del Sistema de la Reserva Federal.

Algunos reglamentos emitidos por la Junta se aplican a todo el sector bancario, mientras que otros se aplican sólo a los bancos miembros, es decir, a los bancos estatales que han decidido unirse al Sistema de la Reserva Federal y a los bancos nacionales, que por ley deben ser miembros del Sistema. La Junta también emite reglamentos para llevar a cabo las principales leyes federales que rigen la protección del crédito al consumidor, como la Ley de Veracidad en los Préstamos, la Ley de Igualdad de Oportunidades de Crédito y la Ley de Divulgación de Hipotecas. Muchas de estas regulaciones de protección al consumidor se aplican a varios prestamistas fuera de la industria bancaria, así como a los bancos.

Los miembros del Consejo de Gobernadores están en continuo contacto con otros responsables políticos del gobierno. Con frecuencia testifican ante los comités del Congreso sobre la economía, la política monetaria, la supervisión y regulación bancaria, la protección del crédito al consumidor, los mercados financieros y otros asuntos.

El Consejo tiene contactos regulares con los miembros del Consejo de Asesores Económicos del Presidente y otros funcionarios económicos clave. El Presidente también se reúne de vez en cuando con el Presidente del

Estados Unidos y mantiene reuniones periódicas con el Secretario del Tesoro. El Presidente también tiene responsabilidades formales en el ámbito internacional.

Existe un consenso económico muy fuerte a favor de la independencia de la influencia política.

Responsabilidades de regulación y supervisión

El consejo de administración de cada distrito bancario de la Reserva Federal también tiene responsabilidades de regulación y supervisión. Si el consejo de administración de un banco de distrito considera que un banco miembro está actuando o comportándose mal, lo comunicará a la junta de gobernadores. Esta política se describe en el Código de los Estados Unidos:

Cada banco de la Reserva Federal se mantendrá informado sobre el carácter general y el monto de los préstamos e inversiones de sus bancos miembros, con el fin de determinar si se está haciendo un uso indebido del crédito bancario para el transporte especulativo o el comercio de valores, bienes raíces o productos básicos, o para cualquier otro propósito incompatible con el mantenimiento de condiciones crediticias sólidas; y, al determinar si se conceden o rechazan anticipos, redescuentos u otras facilidades crediticias, el banco de la Reserva Federal tendrá en cuenta dicha información. El presidente del banco de la Reserva Federal informará a la Junta de Gobernadores del Sistema de la Reserva Federal sobre cualquier uso indebido del crédito bancario por parte de cualquier banco miembro, junto con su recomendación. Cuando, a juicio de la Junta de Gobernadores del Sistema de la Reserva Federal, un banco miembro esté haciendo un uso indebido del crédito bancario, la Junta podrá, a su discreción, después de una notificación razonable y la oportunidad de una audiencia, suspender a dicho banco del uso de las facilidades de crédito del Sistema de la Reserva Federal y podrá dar por terminada dicha suspensión o renovarla de vez en cuando.

Sistema nacional de pagos

La Reserva Federal desempeña un papel en el sistema de pagos de Estados Unidos. Los doce bancos de la Reserva Federal prestan servicios bancarios a las instituciones de depósito y al gobierno federal. En el caso de las instituciones de depósito, mantienen cuentas y prestan diversos servicios de pago, como el cobro de cheques, la transferencia electrónica de fondos y la distribución y recepción de moneda. Para el gobierno federal, los Bancos de la Reserva actúan como agentes fiscales, pagando cheques del Tesoro; procesando pagos electrónicos; y emitiendo, transfiriendo y redimiendo valores del gobierno de los Estados Unidos.

En la Ley de Desregulación de las Instituciones de Depósito y Control Monetario de 1980, el Congreso reafirmó que la Reserva Federal debía promover un sistema de pagos eficiente a nivel nacional. La ley somete a todas las instituciones de depósito, y no sólo a los bancos comerciales miembros, a los requisitos de reserva y les garantiza la igualdad de acceso a los servicios de pago del Banco de la Reserva.La Reserva Federal desempeña un papel en los sistemas de pagos al por menor y al por mayor de la nación proporcionando servicios financieros a las instituciones de depósito. Los pagos al por menor suelen ser de importes relativamente pequeños y a menudo afectan a los clientes minoristas de las instituciones de depósito, es decir, particulares y pequeñas empresas.

Los servicios minoristas de los Bancos de la Reserva incluyen la distribución de monedas y billetes, el cobro de cheques y la transferencia electrónica de fondos a través del sistema de cámara de compensación automatizada. Por el contrario, los pagos al por mayor suelen ser de grandes cantidades de dinero y a menudo implican a grandes clientes corporativos de una institución de depósito o a contrapartes, incluidas otras instituciones financieras. Los servicios mayoristas de los Bancos de la Reserva incluyen la transferencia electrónica de fondos a través del Servicio de Fondos Fedwire y la transferencia de valores emitidos por el gobierno de EE.UU., sus agencias y algunas otras entidades a través del Servicio de Valores Fedwire.

Estructura

El Sistema de la Reserva Federal tiene una "estructura única que es a la vez pública y privada" y se describe como "independiente dentro del gobierno" en lugar de "independiente del gobierno". La página web El sistema no requiere financiación pública, y deriva su autoridad y propósito de la Ley de la Reserva Federal, que fue aprobada por el Congreso en 1913 y está sujeta a la modificación o derogación del Congreso. Los cuatro componentes principales del Sistema de la Reserva Federal son (1) la junta de gobernadores, (2) el Comité Federal de Mercado Abierto, (3) los doce bancos regionales de la Reserva Federal y (4) los bancos miembros de todo el país.

Consejo de Administración

La Junta de Gobernadores, compuesta por siete miembros, es una gran agencia federal que funciona en la supervisión de las empresas mediante el examen de los bancos nacionales. La supervisión de los 12 Bancos de Reserva de Distrito y de establecer la política monetaria nacional. También supervisa y regula el sistema bancario estadounidense en general.Los gobernadores son nombrados por el Presidente de los Estados Unidos y confirmados por el Senado para mandatos escalonados de 14 años. Un mandato comienza cada dos años, el 1 de febrero de los años pares, y los miembros que cumplen un mandato completo no pueden ser reelegidos para un segundo mandato. "Al término de su mandato, los miembros de la Junta seguirán ejerciendo sus funciones hasta que sus sucesores sean nombrados y hayan cumplido los requisitos". La ley prevé la destitución de un miembro de la junta por el presidente "por causa". La Junta debe presentar un informe anual de sus actividades al Presidente de la Cámara de Representantes de los Estados Unidos.

El presidente y el vicepresidente de la Junta de Gobernadores son nombrados por el presidente de entre los gobernadores en ejercicio. Ambos ejercen un mandato de cuatro años y pueden ser reelegidos tantas veces como el presidente decida, hasta que expire su mandato en la Junta de Gobernadores.

Lista de miembros del consejo de administración

Los miembros actuales del consejo de administración son los siguientes

Nombramientos, confirmaciones y dimisiones

A finales de diciembre de 2011, el presidente Barack Obama nombró a Jeremy C. Stein, profesor de finanzas de la Universidad de Harvard y demócrata, y a Jerome Powell, antiguo empleado de Dillon Read, Bankers Trust y The Carlyle Group y republicano. Ambos candidatos también tienen experiencia en el Departamento del Tesoro en las administraciones de Obama y George H. W. Bush, respectivamente.

"Los funcionarios de la administración de Obama [se habían] reagrupado para identificar a los candidatos de la Fed después de que Peter Diamond, un economista ganador del Premio Nobel, retirara su nominación a la junta en junio [2011] ante la oposición republicana. Richard Clarida, un posible candidato que fue funcionario del Tesoro bajo el mandato de George W. Bush, se retiró de la consideración en agosto [de 2011]", señalaba un relato sobre los nombramientos de diciembre. Las otras dos candidatas de Obama en 2011, Janet Yellen y Sarah Bloom Raskin, fueron confirmadas en septiembre. Una de las vacantes se creó en 2011 con la dimisión de Kevin Warsh, que asumió el cargo en 2006 para cubrir el mandato no expirado que finalizaba el

1 de enero de 2018, y renunció a su puesto a partir del 31 e marzo de 2011. En marzo de 2012, el senador David 'itter (republicano de Los Ángeles) dijo que se opondría a os nombramientos de Stein y Powell por parte de Obama, o que mermó las esperanzas de aprobación a corto plazo. iin embargo, los líderes del Senado llegaron a un acuerdo, llanando el camino para los votos afirmativos sobre los os nominados en mayo de 2012 y llevando la junta a su otalidad por primera vez desde 2006 con el servicio de)uke después del fin del mandato. Más tarde, el 6 de enero le 2014, el Senado de los Estados Unidos confirmó la iominación de Yellen para presidir la Junta de ;obernadores de la Reserva Federal; fue la primera mujer n ocupar el cargo. Posteriormente, el presidente Obama iombró a Stanley Fischer para sustituir a Yellen como icepresidente.

:n abril de 2014, Stein anunció que se marchaba para olver a Harvard el 28 de mayo, cuando le quedaban cuatro iños de mandato. En el momento del anuncio, el FOMC "ya uenta con tres miembros menos a la espera de la onfirmación del Senado de ... Fischer y Lael Brainard, y omo [el presidente] Obama aún no ha nombrado un ustituto para ... Duke.Powell sigue en activo a la espera de u confirmación para un segundo mandato".

Allan R. Landon, antiguo presidente y director general del Banco de Hawái, fue nombrado a principios de 2015 por el presidente Obama para el consejo.

En julio de 2015, el presidente Obama nombró a la economista de la Universidad de Michigan Kathryn M. Domínguez para cubrir la segunda vacante en el consejo. El Senado aún no se había pronunciado sobre la confirmación de Landon en el momento de la segunda nominación.

Daniel Tarullo presentó su renuncia al consejo el 10 de febrero de 2017, con efecto a partir del 5 de abril de 2017.

Comité Federal de Mercado Abierto

El Comité Federal de Mercado Abierto (FOMC) está formado por 12 miembros, siete de la Junta de Gobernadores y cinco de los presidentes de los bancos regionales de la Reserva Federal. El FOMC supervisa y establece la política de las operaciones de mercado abierto, el principal instrumento de la política monetaria nacional. Estas operaciones afectan a la cantidad de saldos de la Reserva Federal disponibles para las instituciones de depósito, influyendo así en las condiciones monetarias y crediticias generales. El FOMC también dirige las operaciones realizadas por la Reserva Federal en los mercados de divisas. El FOMC debe llegar a un consenso en todas sus decisiones. El presidente del Banco de la Reserva Federal de Nueva York es un miembro permanente del FOMC; los presidentes de los demás bancos rotan entre sí a intervalos de dos y tres años. Todos los presidentes de los bancos de la Reserva Regional contribuyen a la evaluación de la economía y de las opciones políticas del comité, pero sólo los cinco presidentes que son entonces miembros del FOMC votan en las decisiones políticas. El FOMC determina su propia organización interna y, por tradición, elige al presidente de la Junta de Gobernadores como presidente y al presidente del Banco de la Reserva Federal de Nueva York como vicepresidente. Las reuniones formales suelen celebrarse ocho veces al año en Washington, D.C. Los presidentes de los bancos de la Reserva sin derecho a voto también participan en las deliberaciones y los debates del Comité. El FOMC se reúne generalmente ocho veces al año en consultas telefónicas y se celebran otras reuniones cuando es necesario.

Existe un fuerte consenso entre los economistas contra la politización del FOMC.

Consejo Consultivo Federal

El Consejo Consultivo Federal, compuesto por doce representantes del sector bancario, asesora a la Junta en todos los asuntos de su competencia.

Bancos de la Reserva Federal

Hay 12 bancos de la Reserva Federal, cada uno de los cuales es responsable de los bancos miembros situados en su distrito. Están situados en Boston, Nueva York, Filadelfia, Cleveland, Richmond, Atlanta, Chicago, San Luis, Minneapolis, Kansas City, Dallas y San Francisco. El tamaño de cada distrito se fijó en función de la distribución de la población de Estados Unidos cuando se aprobó la Ley de la Reserva Federal.

Los estatutos y la organización de cada Banco de la Reserva Federal están establecidos por ley y no pueden ser modificados por los bancos miembros. Sin embargo, los bancos miembros eligen a seis de los nueve miembros de los consejos de administración de los bancos de la Reserva Federal.

Cada banco regional tiene un presidente, que es el director general de su banco. El presidente de cada banco regional es nombrado por el consejo de administración de su banco, pero su nombramiento depende de la aprobación de la Junta de Gobernadores. Los presidentes ejercen su cargo durante cinco años y pueden ser reelegidos.

El consejo de administración de cada banco regional está compuesto por nueve miembros. Los miembros se dividen en tres clases: A, B y C. Hay tres miembros del consejo en cada clase. Los miembros de la clase A son elegidos por los accionistas del banco regional, y están destinados a representar los intereses de los bancos miembros. Los bancos miembros se dividen en tres categorías: grandes, medianos y pequeños. Cada categoría elige a uno de los tres miembros del consejo de clase A. Los miembros del consejo de clase B también son nombrados por los bancos miembros de la región, pero se supone que los miembros del consejo de clase B representan los intereses del público. Por último, los miembros del consejo de clase C son nombrados por el consejo de administración, y también están destinados a representar los intereses del público.

Estatuto jurídico de los bancos regionales de la Reserva Federal

Los Bancos de la Reserva Federal tienen un estatus legal intermedio, con algunas características de las corporaciones privadas y algunas características de las agencias federales públicas. Los Estados Unidos tienen un interés en los Bancos de la Reserva Federal como instrumentos creados por el gobierno federal y exentos de impuestos, cuyos beneficios pertenecen al gobierno federal pero este interés no es propietario. En el caso *Lewis v. United States*, el Tribunal de Apelación de los Estados Unidos para el Noveno Circuito declaró que "Los Bancos de la Reserva no son instrumentos federales a efectos de la FTCA [la Ley Federal de Reclamaciones por Agravios], sino que son corporaciones independientes, de propiedad privada y controladas localmente". Sin embargo, la opinión continuó diciendo que: "Los Bancos de la Reserva han sido considerados correctamente como instrumentos federales para algunos propósitos". Otra decisión relevante es *Scott v. Federal Reserve Bank of Kansas City*, en la que se distingue entre los Bancos de la Reserva Federal, que son instrumentos creados por el gobierno federal, y la junta de gobernadores, que es una agencia federal.

Sobre la relación estructural entre los doce bancos de la Reserva Federal y los distintos bancos comerciales (miembros), el profesor de ciencias políticas Michael D. Reagan ha escrito

. la "propiedad" de los Bancos de Reserva por parte de los ancos comerciales es simbólica; no ejercen el control de ropiedad asociado al concepto de propiedad ni participan, ıás allá del dividendo legal, en los "beneficios" del Banco e Reserva. ... Por lo tanto, la propiedad y la elección de los ancos en la base carecen de importancia sustantiva, a esar de la apariencia superficial de control bancario rivado que crea el acuerdo formal.

ancos miembros

Jn banco miembro es una institución privada y posee cciones en su Banco de la Reserva Federal regional. odos los bancos constituidos a nivel nacional poseen cciones en uno de los bancos de la Reserva Federal. Los ancos constituidos a nivel estatal pueden optar por ser niembros (y poseer acciones en su banco regional de la Reserva Federal) si cumplen ciertas normas.

a cantidad de acciones que debe poseer un banco niembro es igual al 3% de su capital y superávit ombinados. Sin embargo, poseer acciones de un banco de a Reserva Federal no es como poseer acciones de una mpresa que cotiza en bolsa. Estas acciones no pueden enderse ni negociarse, y los bancos miembros no ontrolan el Banco de la Reserva Federal como resultado e la posesión de estas acciones. De su Banco Regional, os bancos miembros con 10.000 millones de dólares o nenos en activos reciben un dividendo del 6%, mientras ue los bancos miembros con más de

10.000 millones de dólares en activos reciben el 6% o el tipo de subasta actual del Tesoro a 10 años, el que sea menor. E resto de los beneficios de los bancos regionales de la Reserva Federal se entrega al Departamento del Tesoro de Estados Unidos. En 2015, los Bancos de la Reserva Federal obtuvieron un beneficio de 100.200 millones de dólares y distribuyeron 2.500 millones de dólares en dividendos a los bancos miembros, además de devolver 97.700 millones de dólares al Tesoro de Estados Unidos.

Alrededor del 38% de los bancos estadounidenses son miembros de su banco regional de la Reserva Federal.

Rendición de cuentas

Un auditor externo seleccionado por el comité de auditoría del Sistema de la Reserva Federal audita regularmente al Consejo de Gobernadores y a los Bancos de la Reserva Federal. La GAO auditará algunas actividades de la Junta de Gobernadores. Estas auditorías no cubren "la mayoría de las actividades monetarias de la Reserva Federal".

acciones o decisiones de política, incluidos los préstamos de la ventanilla de descuento (préstamos directos a las instituciones financieras), las operaciones de mercado abierto y cualquier otra transacción realizada bajo la dirección del Comité Federal de Mercado Abierto" ...[tampoco puede la GAO auditar] "las transacciones con gobiernos extranjeros y otros bancos centrales".

Los estados financieros anuales y trimestrales elaborados por el Sistema de la Reserva Federal se ajustan a una base contable establecida por el Consejo de la Reserva Federal y no se ajustan a los Principios de Contabilidad Generalmente Aceptados (PCGA) ni a las Normas de Contabilidad de Costes del gobierno (CAS). Las normas de información financiera se definen en el Manual de Contabilidad Financiera para los Bancos de la Reserva Federal. Las normas de contabilidad de costes se definen en el Manual del Sistema de Planificación y Control. Desde el 27 de agosto de 2012, el Consejo de la Reserva Federal publica trimestralmente los informes financieros no auditados de los bancos de la Reserva Federal.

El 7 de noviembre de 2008, Bloomberg L.P. News presentó una demanda contra la junta de gobernadores del Sistema de la Reserva Federal para obligar a la junta a revelar las identidades de las empresas a las que ha concedido garantías durante la crisis financiera de 2007-2008. Bloomberg, L.P. ganó en el tribunal de primera instancia y las apelaciones de la Reserva Federal fueron rechazadas tanto en el Tribunal de Apelaciones del Segundo Circuito como en el Tribunal Supremo de Estados Unidos. Los datos se publicaron el 31 de marzo de 2011.

Política monetaria

El término "política monetaria" se refiere a las acciones emprendidas por un banco central, como la Reserva Federal, para influir en la disponibilidad y el coste del dinero y el crédito para ayudar a promover los objetivos económicos nacionales. Lo que ocurre con el dinero y el crédito afecta a los tipos de interés (el coste del crédito) y a los resultados de una economía. La Ley de la Reserva Federal de 1913 otorgó a la Reserva Federal autoridad para establecer la política monetaria en Estados Unidos.

Préstamo interbancario

La Reserva Federal establece la política monetaria influyendo en el tipo de interés de los fondos federales, que es el tipo de los préstamos interbancarios del exceso de reservas. El tipo que los bancos se cobran entre sí por estos préstamos se determina en el mercado interbancario y la Reserva Federal influye en este tipo a través de las tres "herramientas" de la política monetaria que se describen en la sección *Herramientas*. El tipo de interés de los fondos federales es un tipo de interés a corto plazo en el que se centra el FOMC y que afecta a los tipos de interés a largo plazo de toda la economía. La Reserva Federal resumió su política monetaria en 2005:

La Reserva Federal ejecuta la política monetaria de Estados Unidos afectando a las condiciones del mercado de saldos que las instituciones de depósito mantienen en los bancos de la Reserva Federal... Mediante la realización de operaciones de mercado abierto, la imposición de requisitos de reserva, la autorización a las instituciones de depósito para mantener saldos de compensación contractuales y la concesión de créditos a través de su ventanilla de descuento, la Reserva Federal ejerce un control considerable sobre la demanda y la oferta de saldos de la Reserva Federal y el tipo de los fondos federales. A través de su control del tipo de los fondos federales, la Reserva Federal puede fomentar unas condiciones financieras y monetarias coherentes con sus objetivos de política monetaria.

Los efectos sobre la cantidad de reservas que los bancos utilizan para conceder préstamos influyen en la economía. Las políticas que añaden reservas al sistema bancario fomentan la concesión de préstamos a tipos de interés más bajos, estimulando así el crecimiento del dinero, el crédito y la economía. Las acciones políticas que absorben reservas funcionan en la dirección opuesta. La tarea de la Reserva Federal es suministrar suficientes reservas para apoyar una cantidad adecuada de dinero y crédito, evitando los excesos que dan lugar a la inflación y la escasez que sofoca el crecimiento económico.

Herramientas

Hay tres instrumentos principales de política monetaria que la Reserva Federal utiliza para influir en la cantidad de reservas de los bancos privados:

Tipo de interés de los fondos federales y operaciones de mercado abierto

El Sistema de la Reserva Federal aplica la política monetaria en gran medida fijando el tipo de interés de los fondos federales. Se trata del tipo de interés que los bancos se cobran entre sí por los préstamos a un día de fondos federales, que son las reservas que los bancos mantienen en la Reserva Federal. En realidad, este tipo lo determina el mercado y no es un mandato explícito de la Fed. Por lo tanto, la Fed trata de alinear el tipo efectivo de los fondos federales con el tipo objetivo añadiendo o restando a la oferta monetaria mediante operaciones de mercado abierto. El Sistema de la Reserva Federal suele ajustar el tipo objetivo de los fondos federales en un 0,25% o 0,50% cada vez.

Las operaciones de mercado abierto permiten a la Reserva Federal aumentar o disminuir la cantidad de dinero en el sistema bancario según sea necesario para equilibrar el doble mandato de la Reserva Federal. Las operaciones de mercado abierto se realizan mediante la compra y venta de títulos del Tesoro de los Estados Unidos, a veces denominados "letras del Tesoro" o, más informalmente, "T-bills" o "Treasuries". La Reserva Federal compra letras del Tesoro a sus principales intermediarios. La compra de estos valores afecta al tipo de interés de los fondos federales, ya que los agentes primarios tienen cuentas en instituciones de depósito.

El sitio web educativo de la Reserva Federal describe las operaciones de mercado abierto de la siguiente manera:

Las operaciones de mercado abierto consisten en la compra y venta de valores públicos estadounidenses (de agencias federales y respaldados por hipotecas). El término "mercado abierto" significa que la Reserva Federal no decide por sí misma con qué agentes de valores va a operar en un día determinado. Más bien, la elección surge de un "mercado abierto" en el que los distintos agentes de valores con los que opera la Reserva Federal -los agentes primarios- compiten en función del precio. Las operaciones de mercado abierto son flexibles y, por tanto, el instrumento de política monetaria más utilizado.

Las operaciones de mercado abierto son el principal instrumento utilizado para regular la oferta de reservas bancarias. Esta herramienta consiste en la compra y venta por parte de la Reserva

Federal de instrumentos financieros, normalmente valores emitidos por el Tesoro de Estados Unidos, agencias federales y empresas patrocinadas por el gobierno. Las operaciones de mercado abierto las lleva a cabo la Mesa de Operaciones Domésticas del Banco de la Reserva Federal de Nueva York bajo la dirección del FOMC. Las operaciones se realizan con operadores primarios.

El objetivo de la Fed al negociar los valores es afectar al tipo de interés de los fondos federales, el tipo al que los bancos se prestan reservas entre sí. Cuando la Reserva Federal quiere aumentar las reservas, compra valores y los paga haciendo un depósito en la cuenta que el banco del distribuidor primario mantiene en la Reserva Federal. Cuando la Fed quiere reducir las reservas, vende valores y cobra de esas cuentas. La mayoría de los días, la Fed no quiere aumentar o reducir las reservas de forma permanente, por lo que suele realizar operaciones que se revierten en uno o dos días. Eso significa que una inyección de reservas hoy podría ser retirada mañana por la mañana, para ser renovada en algún nivel varias horas después. Estas operaciones a corto plazo se denominan acuerdos de recompra (repos): el agente vende a la Reserva Federal un valor y se compromete a recomprarlo en una fecha posterior.

Acuerdos de recompra

Para suavizar los cambios temporales o cíclicos en la oferta de dinero, la mesa de operaciones realiza acuerdos de recompra (repos) con sus principales operadores. Los repos son esencialmente préstamos garantizados a corto plazo por parte de la Reserva Federal. El día de la transacción, la Reserva Federal deposita dinero en la cuenta de reserva de un operador primario y recibe los valores prometidos como garantía. Cuando la transacción vence, el proceso se desenvuelve: la Reserva Federal devuelve la garantía y carga en la cuenta de reserva del agente primario el principal y los intereses devengados. El plazo del repo (el tiempo que transcurre entre la liquidación y el vencimiento) puede variar desde 1 día (llamado repo a un día) hasta 65 días.

Tasa de descuento

El Sistema de la Reserva Federal también fija directamente el **tipo de descuento (también conocido** como **tipo de interés oficial**), que es el tipo de interés para los "préstamos de ventanilla de descuento", préstamos a un día que los bancos miembros obtienen directamente de la Reserva Federal. Este tipo se fija generalmente a un tipo cercano a los 100 puntos básicos por encima del tipo objetivo de los fondos federales. La idea es animar a los bancos a buscar financiación alternativa antes de utilizar la opción del "tipo de descuento". La operación equivalente del Banco Central Europeo se denomina "facilidad marginal de crédito".

Tanto el tipo de descuento como el de los fondos federales influyen en el tipo de interés preferente, que suele ser unos 3 puntos porcentuales más alto que el de los fondos federales.

Requisitos de reserva

Otro instrumento de ajuste de la política monetaria empleado históricamente por el Sistema de la Reserva Federal era el coeficiente de reservas fraccionarias, también conocido como coeficiente de reservas obligatorias. El coeficiente de reservas obligatorias establece el saldo que el Sistema de la Reserva Federal exige a las instituciones de depósito que mantengan en los Bancos de la Reserva Federal, que las instituciones de depósito negocian en el mercado de fondos federales antes mencionado. El coeficiente de reservas obligatorias lo establece la junta de gobernadores del Sistema de la Reserva Federal. Los requisitos de reserva han cambiado a lo largo del tiempo y la Reserva Federal publica un historial de estos cambios.

Como respuesta a la crisis financiera de 2008, la Reserva Federal realiza ahora pagos de intereses sobre los saldos de reservas obligatorias y excedentes de las instituciones de depósito. El pago de intereses sobre el exceso de reservas da al banco central una mayor oportunidad de hacer frente a las condiciones del mercado crediticio, manteniendo al mismo tiempo el tipo de los fondos federales cerca del tipo objetivo fijado por el FOMC.

A partir de marzo de 2020, el coeficiente de reservas es cero para todos los bancos, lo que significa que ningún banco está obligado a mantener reservas y, por tanto, el coeficiente de reservas no existe. El coeficiente de reservas no desempeñó un papel importante en el régimen de intereses sobre reservas posterior a 2008.

Nuevas instalaciones

Para hacer frente a los problemas relacionados con la crisis de las hipotecas de alto riesgo y la burbuja inmobiliaria de Estados Unidos, se han creado varias herramientas nuevas. La primera herramienta nueva, llamada "Term auction Facility", se añadió el 12 de diciembre de 2007. En un principio se anunció como una herramienta temporal, pero se ha sugerido que esta nueva herramienta podría permanecer en vigor durante un período prolongado. La creación de la segunda herramienta nueva, denominada Facilidad de préstamo de valores a plazo, se anunció el 11 de marzo de 2008. La principal diferencia entre estas dos facilidades es que la Facilidad de Subasta a Plazo se utiliza para inyectar efectivo en el sistema bancario, mientras que la Facilidad de Préstamo de Valores a Plazo se utiliza para inyectar valores del tesoro en el sistema bancario. El 16 de marzo de 2008 se anunció la creación del tercer instrumento, denominado Primary Dealer Credit Facility (PDCF). El PDCF supuso un cambio fundamental en la política de la Reserva Federal, ya que ahora la Fed puede prestar directamente a los operadores primarios, algo que antes iba en contra de la política de la Fed. La Reserva Federal describe las diferencias entre estas tres nuevas facilidades:

El programa de la Facilidad de Subasta a Plazo ofrece financiación a plazo a las instituciones de depósito a través de una subasta quincenal, para cantidades fijas de crédito. La Facilidad de Préstamo de Valores a Plazo será una subasta para un importe fijo de préstamo de la garantía general del Tesoro a cambio de valores respaldados por hipotecas residenciales elegibles para la OMO y con calificación AAA/Aaa. La Facilidad de Crédito para Operadores Primarios permite ahora a los operadores primarios elegibles tomar prestado al tipo de descuento existente durante un máximo de 120 días.

Algunas de las medidas adoptadas por la Reserva Federal para hacer frente a esta crisis hipotecaria no se habían utilizado desde la Gran Depresión. La Reserva Federal ofrece un breve resumen de estas nuevas facilidades:

A medida que la economía se ha ido desacelerando en los últimos nueve meses y los mercados de crédito se han vuelto inestables, la Reserva Federal ha tomado una serie de medidas para ayudar a resolver la situación. Estas medidas han incluido el uso de herramientas tradicionales de política monetaria a nivel macroeconómico, así como medidas a nivel de mercados específicos para proporcionar liquidez adicional.La respuesta de la Reserva Federal ha seguido evolucionando desde que la presión sobre los mercados de crédito comenzó a aflorar el pasado verano, pero todas estas medidas se derivan de las tradicionales operaciones de mercado abierto de la Fed y de las herramientas de la ventanilla de descuento, ampliando el plazo de las transacciones, el tipo de garantía o los prestatarios elegibles.

Una cuarta facilidad, la Facilidad de Depósito a Plazo, fue anunciada el 9 de diciembre de 2009 y aprobada el 30 de abril de 2010, con fecha de entrada en vigor el 4 de junio de 2010. La Facilidad de Depósitos a Plazo permite a los Bancos de la Reserva ofrecer depósitos a plazo a las instituciones que son elegibles para recibir ganancias sobre sus saldos en los Bancos de la Reserva. Los depósitos a plazo tienen por objeto facilitar la aplicación de la política monetaria proporcionando un instrumento mediante el cual la Reserva Federal puede gestionar la cantidad agregada de saldos de reserva mantenidos por las instituciones de depósito. Los fondos colocados en los depósitos a plazo se retiran de las cuentas de las instituciones participantes durante la vida del depósito a plazo y, por tanto, drenan los saldos de reserva del sistema bancario.

Subasta a plazo

La Facilidad de Subasta a Plazo es un programa en el que la Reserva Federal subasta fondos a plazo a las instituciones de depósito. La creación de esta facilidad fue anunciada por la Reserva Federal el 12 de diciembre de 2007, y se hizo conjuntamente con el Banco de Canadá, el Banco de Inglaterra, el Banco Central Europeo y el Banco Nacional de Suiza para hacer frente a las elevadas presiones en los mercados de financiación a corto plazo. La razón por la que se creó es que los bancos no se estaban prestando fondos entre sí y los bancos que necesitaban fondos se negaban a acudir a la ventanilla de descuento. Los bancos no se prestaban dinero entre sí porque temían que los préstamos no fueran devueltos.

Los bancos se negaban a acudir a la ventanilla de descuento porque suele asociarse al estigma de la quiebra bancaria. Con la Facilidad de Subasta a Plazo, se protege la identidad de los bancos que necesitan fondos para evitar el estigma de la quiebra bancaria. Se abrieron líneas de intercambio de divisas con el Banco Central Europeo y el Banco Nacional Suizo para que los bancos de Europa pudieran tener acceso a los dólares estadounidenses. El presidente de la Reserva Federal, Ben Bernanke, describió brevemente este mecanismo ante la Cámara de Representantes de Estados Unidos el 17 de enero de 2008:

La Reserva Federal ha presentado recientemente un mecanismo de subasta a plazo, o TAF, mediante el cual se pueden subastar cantidades preestablecidas de crédito de la ventanilla de descuento a prestatarios elegibles. El objetivo del TAF es reducir el incentivo de los bancos para acumular efectivo y aumentar su disposición a conceder créditos a los hogares y las empresas... Las subastas del TAF continuarán mientras sea necesario para hacer frente a las elevadas presiones en los mercados de financiación a corto plazo, y seguiremos trabajando en estrecha colaboración con otros bancos centrales para hacer frente a las tensiones del mercado que podrían obstaculizar la consecución de nuestros objetivos económicos más amplios.

También se describe en las *preguntas frecuentes sobre* el *mecanismo de subasta a plazo*

El TAF es una facilidad de crédito que permite a una institución de depósito presentar una puja por un anticipo de su Banco de la Reserva Federal local a un tipo de interés que se determina como resultado de una subasta. Al permitir a la Reserva Federal inyectar fondos a plazo a través de una gama más amplia de contrapartes y contra una gama más amplia de garantías que las operaciones de mercado abierto, esta facilidad podría ayudar a asegurar que las provisiones de liquidez puedan ser difundidas eficientemente incluso cuando los mercados interbancarios no garantizados estén bajo tensión.En resumen, el TAF subastará fondos a plazo de aproximadamente un mes de duración. Todas las instituciones de depósito que el Banco de la Reserva local considere que se encuentran en una situación financiera sólida y que sean elegibles para obtener préstamos en la ventanilla de descuento son también elegibles para participar en las subastas del TAF. Todos los créditos del TAF deben estar totalmente garantizados. Los depositarios pueden pignorar la amplia gama de garantías que se aceptan para otros programas de préstamo de la Reserva Federal para garantizar el crédito del TAF. Los mismos valores y márgenes de garantía aplicables a otros programas de préstamo de la Reserva Federal se aplicarán también al TAF.

Línea de préstamo de valores a plazo

La Facilidad de Préstamo de Valores a Plazo es una facilidad de 28 días que ofrecerá garantías generales del Tesoro a los operadores primarios del Banco de la Reserva Federal de Nueva York a cambio de otras garantías elegibles para el programa. Su objetivo es promover la liquidez en los mercados de financiación del Tesoro y de otras garantías y, por tanto, fomentar el funcionamiento de los mercados financieros en general. Al igual que el Mecanismo de Subasta a Plazo, el TSLF se realizó conjuntamente con el Banco de Canadá, el Banco de Inglaterra, el Banco Central Europeo y el Banco Nacional de Suiza. Este recurso permite a los operadores cambiar la deuda menos líquida por valores públicos estadounidenses fácilmente negociables. Se han incrementado las líneas de intercambio de divisas con el Banco Central Europeo y el Banco Nacional Suizo.

Línea de crédito para distribuidores primarios

La Primary Dealer Credit Facility (PDCF) es una facilidad de préstamo a un día que proporcionará financiación a los operadores primarios a cambio de una gama específica de garantías elegibles y está destinada a fomentar el funcionamiento de los mercados financieros en general. Esta nueva facilidad marca un cambio fundamental en la política de la Reserva Federal, ya que ahora los operadores primarios pueden pedir préstamos directamente a la Fed, cuando antes estaba prohibido.

Intereses de las reservas

A partir de octubre de 2008, los bancos de la Reserva Federal pagarán intereses por los saldos de las reservas (obligatorias y excedentes) mantenidos por las instituciones de depósito. El tipo de interés se fija en el tipo de los fondos federales más bajo durante el periodo de mantenimiento de las reservas de una institución, menos 75 pb. A partir del 23 de octubre de 2008, la Fed ha reducido el diferencial a sólo 35 pb.

Facilidad de depósito a plazo

La Facilidad de Depósito a Plazo es un programa a través del cual los Bancos de la Reserva Federal ofrecen depósitos a plazo que devengan intereses a las instituciones elegibles. El presidente de la Reserva Federal Ben S. Bernanke, declaró ante el Comité de Servicios Financieros de la Cámara de Representantes que la Facilidad de Depósito a Plazo se utilizaría para revertir la expansión del crédito durante la Gran Recesión, sacando fondos de los mercados monetarios hacia los Bancos de la Reserva Federal. Por lo tanto, daría lugar a un aumento de los tipos de interés del mercado, actuando como un freno a la actividad económica y a la inflación. La Reserva Federal autorizó hasta cinco "ofertas de pequeño valor" en 2010 como programa piloto. Después de que tres de las subastas de oferta se completaran con éxito, se anunció que las subastas de pequeño valor continuarían de forma continua.

Papel comercial respaldado por activos Fondo de inversión del mercado monetario Facilidad de liquidez

La Facilidad de Liquidez de Fondos de Inversión en Papel Comercial Respaldado por Activos (ABCPMMMFLF) también se denominó AMLF. La Facilidad comenzó a operar el 22 de septiembre de 2008 y se cerró el 1 de febrero de 2010.

Todas las instituciones de depósito estadounidenses, los holdings bancarios (empresas matrices o filiales de corredores de bolsa estadounidenses), o las sucursales y agencias estadounidenses de bancos extranjeros eran elegibles para obtener préstamos en virtud de esta línea de crédito de acuerdo con la discreción del FRBB.

Las garantías que pueden pignorarse en el marco del Mecanismo debían cumplir los siguientes criterios:

- fue adquirida por el Prestatario el 19 de septiembre de 2008 o después de esa fecha a una sociedad de inversión registrada que se presentaba como un fondo de inversión del mercado monetario;
- fue adquirido por el Prestatario al coste de adquisición del Fondo, ajustado por la amortización de la prima o la acumulación del descuento sobre el ABCP hasta la fecha de su compra por el Prestatario;

- haya sido calificado, en el momento de la pignoración al FRBB, como mínimo por dos agencias de calificación importantes como A1, F1 o P1 o, si ha sido calificado por una sola agencia de calificación importante, el ABCP debe haber sido calificado dentro de la categoría de calificación más alta por dicha agencia;
- fue emitido por una entidad organizada bajo las leyes de los Estados Unidos o una subdivisión política del mismo bajo un programa que estaba en existencia el 18 de septiembre de 2008; y
- tenían un vencimiento declarado que no superaba los 120 días si el Prestatario era un banco o 270 días para los Prestatarios no bancarios.

Mecanismo de financiación con papel comercial

El 7 de octubre de 2008, la Reserva Federal amplió aún más las garantías contra las que prestará para incluir el papel comercial mediante el nuevo Commercial Paper Funding Facility (CPFF). La medida convirtió a la Fed en una fuente crucial de crédito para las empresas no financieras, además de los bancos comerciales y las empresas de inversión. Los funcionarios de la Fed dijeron que comprarán toda la deuda que sea necesaria para que el mercado vuelva a funcionar. Se negaron a decir cuánto podría ser, pero señalaron que alrededor de 1,3 billones de dólares de papel comercial estarían calificados. El 1 de octubre de 2008 había 1,61 billones de dólares en papel comercial en circulación, ajustado estacionalmente, según los datos más recientes de la Reserva Federal. Esta cifra es inferior a los 1,70 billones de dólares de la semana anterior. Desde el verano de 2007, el mercado se ha reducido de más de 2,2 billones de dólares. Este programa prestó un total de 738.000 millones de dólares antes de su cierre. Cuarenta y cinco de las 81 empresas que participaron en este programa eran empresas extranjeras. La investigación muestra que los beneficiarios del Programa de Alivio de Activos en Problemas (TARP) tenían el doble de probabilidades de participar en el programa que otros emisores de papel comercial que no se acogieron al rescate del TARP. La Reserva Federal no incurrió en pérdidas por el CPFF.

Política de relajación cuantitativa (QE)

Una herramienta poco utilizada por la Reserva Federal es la política de flexibilización cuantitativa. En virtud de esta política, la Reserva Federal recompra bonos corporativos y valores respaldados por hipotecas en poder de los bancos u otras instituciones financieras. El estallido de la burbuja inmobiliaria en Estados Unidos llevó a la Reserva Federal a comprar valores respaldados por hipotecas por primera vez en noviembre de 2008. A lo largo de seis semanas, se compraron un total de 1,25 billones de dólares para estabilizar el mercado inmobiliario, aproximadamente una quinta parte de todas las hipotecas respaldadas por el gobierno estadounidense.

Historia

La banca central en Estados Unidos, 1791-1913

El primer intento de crear una moneda nacional tuvo lugar durante la Guerra de la Independencia estadounidense. En 1775, el Congreso Continental, así como los estados, comenzaron a emitir papel moneda, llamando a los billetes "Continentales". Los Continentales estaban respaldados únicamente por futuros ingresos fiscales y se utilizaron para ayudar a financiar la Guerra de la Independencia. La sobreimpresión, así como la falsificación británica, hicieron que el valor del
Continental disminuyera rápidamente. Esta experiencia con el papel moneda llevó a los Estados Unidos a eliminar la facultad de emitir letras de crédito (papel moneda) de un borrador de la nueva Constitución el 16 de agosto de 1787, así como a prohibir dicha emisión por parte de los distintos estados, y a limitar la capacidad de los estados de hacer que todo lo que no fuera moneda de oro o plata tuviera curso legal el 28 de agosto.

En 1791, el gobierno concedió al Primer Banco de los Estados Unidos una carta para operar como el

Banco central de Estados Unidos hasta 1811. El Primer Banco de los Estados Unidos llegó a su fin bajo el presidente Madison cuando el Congreso se negó a renovar su carta. El Segundo Banco de los Estados Unidos se estableció en 1816, y perdió su autoridad para ser el banco central de los Estados Unidos veinte años más tarde bajo el presidente Jackson cuando su carta expiró. Ambos bancos se basaban en el Banco de Inglaterra. Finalmente, en 1913 se creó un tercer banco nacional, conocido como la Reserva Federal, que sigue existiendo en la actualidad.

Primer Banco Central, 1791 y Segundo Banco Central, 1816

La primera institución estadounidense con responsabilidades de banca central fue el Primer Banco de los Estados Unidos, constituido por el Congreso y convertido en ley por el presidente George Washington el 25 de febrero de 1791, a instancias de Alexander Hamilton. Esto se hizo a pesar de la fuerte oposición de Thomas Jefferson y James Madison, entre otros muchos. La carta tenía una duración de veinte años y expiró en 1811 bajo el mandato del presidente Madison, cuando el Congreso se negó a renovarla.

Sin embargo, en 1816, Madison lo revivió en forma de Segundo Banco de los Estados Unidos. Años más tarde, la renovación anticipada de la carta del banco se convirtió en el tema principal de la reelección del presidente Andrew Jackson. Después de que Jackson, que se oponía al banco central, fuera reelegido, retiró los fondos del gobierno del banco. Jackson fue el único presidente que pagó completamente la deuda nacional. La carta del banco no fue renovada en 1836.De 1837 a 1862, en la Era de la Banca Libre no hubo un banco central formal.De 1846 a 1921, rigió un Sistema de Tesorería Independiente.De 1863 a 1913, se instituyó un sistema de bancos nacionales por la Ley de Banca Nacional de 1863, durante la cual se produjeron una serie de pánicos bancarios, en 1873, 1893 y 1907.

Creación del Tercer Banco Central, 1907-1913

La principal motivación para el tercer sistema de banca central fue el Pánico de 1907, que provocó un renovado deseo entre legisladores, economistas y banqueros de revisar el sistema monetario. Durante el último cuarto del siglo XIX y principios del XX, la economía de Estados Unidos atravesó una serie de pánicos financieros. Según muchos economistas, el anterior sistema bancario nacional tenía dos puntos débiles principales: una moneda inelástica y una falta de liquidez. En 1908, el Congreso promulgó la Ley Aldrich-Vreeland, que establecía una moneda de emergencia y creaba la Comisión Monetaria Nacional para estudiar la reforma bancaria y monetaria. La Comisión Monetaria Nacional volvió con recomendaciones que fueron rechazadas repetidamente por el Congreso. Una revisión elaborada durante una reunión secreta en Jekyll Island por el senador Aldrich y representantes de los principales grupos financieros e industriales del país se convirtió posteriormente en la base de la Ley de la Reserva Federal. La Cámara votó el 22 de diciembre de 1913, con 298 votos a favor y 60 en contra. El Senado votó 43-25 el 23 de diciembre de 1913. El presidente Woodrow Wilson firmó la ley ese mismo día.

Ley de la Reserva Federal, 1913

El jefe de la Comisión Monetaria Nacional bipartidista era el experto financiero y líder republicano del Senado Nelson Aldrich. Aldrich creó dos comisiones: una para estudiar a fondo el sistema monetario estadounidense y otra, dirigida por el propio Aldrich, para estudiar los sistemas bancarios centrales europeos e informar sobre ellos.

A principios de noviembre de 1910, Aldrich se reunió con cinco conocidos miembros de la comunidad bancaria de Nueva York para idear un proyecto de ley de banca central. Paul Warburg, uno de los asistentes a la reunión y viejo defensor de la banca central en EE.UU., escribió más tarde que Aldrich estaba "desconcertado por todo lo que había absorbido en el extranjero y se enfrentaba a la difícil tarea de redactar un proyecto de ley muy técnico mientras estaba acosado por el trabajo diario de sus obligaciones parlamentarias". Tras diez días de deliberaciones, se acordó el proyecto de ley, que más tarde se denominaría "Plan Aldrich". Tenía varios componentes clave, entre ellos un banco central con una sede en Washington y quince sucursales situadas por todo Estados Unidos en lugares geográficamente estratégicos, y una moneda uniforme y elástica basada en oro y papel comercial. Aldrich creía que lo mejor era un sistema de banca central sin participación política, pero Warburg le convenció de que un plan sin control público no era políticamente viable. El compromiso incluía la representación del sector público en el consejo de administración.

El proyecto de ley de Aldrich encontró mucha oposición por parte de los políticos. Los críticos acusaron a Aldrich de ser parcial debido a sus estrechos lazos con banqueros ricos como J. P. Morgan y John D. Rockefeller Jr. yerno de Aldrich. La mayoría de los republicanos estaban a favor del Plan Aldrich, pero no contaba con suficiente apoyo en el Congreso para

La ley se aprobó porque los estados rurales y occidentales consideraban que favorecía al "establishment oriental". Por el contrario, los demócratas progresistas estaban a favor de un sistema de reserva propiedad del gobierno y operado por éste; creían que la propiedad pública del banco central acabaría con el control de Wall Street sobre el suministro de moneda estadounidense. Los demócratas conservadores luchaban por un sistema de reserva de propiedad privada, aunque descentralizado, que siguiera estando libre del control de Wall Street.

El Plan Aldrich original recibió un golpe fatal en 1912, cuando los demócratas ganaron la Casa Blanca y el Congreso. No obstante, el presidente Woodrow Wilson consideró que el plan Aldrich sería suficiente con algunas modificaciones. El plan se convirtió en la base de la Ley de la Reserva Federal, propuesta por el senador Robert Owen en mayo de 1913. La principal diferencia entre los dos proyectos de ley era la transferencia del control del consejo de administración (llamado Comité Federal de Mercado Abierto en la Ley de la Reserva Federal) al gobierno. El proyecto de ley se aprobó en el Congreso el 23 de diciembre de 1913, con un resultado mayoritariamente partidista, ya que la mayoría de los demócratas votaron "sí" y la mayoría de los republicanos, "no".

La era de la Reserva Federal, desde 1913 hasta la actualidad

Las principales leyes que afectan a la Reserva Federal han sido:

Medición de variables económicas

La Reserva Federal registra y publica grandes cantidades de datos. Algunos sitios web en los que se publican datos son la página de Datos Económicos e Investigación de la Junta de Gobernadores, la página de comunicados estadísticos y datos históricos de la Junta de Gobernadores y la página FRED (Datos Económicos de la Reserva Federal) de la Fed de San Luis. El Comité Federal de Mercado Abierto (FOMC) examina muchos indicadores económicos antes de determinar la política monetaria.

Algunas críticas se refieren a los datos económicos recopilados por la Fed. La Fed patrocina gran parte de la investigación en economía monetaria en EE.UU., y Lawrence H. White objeta que esto hace que sea menos probable que los investigadores publiquen resultados que desafíen el statu quo.

Patrimonio neto de los hogares y de las organizaciones sin ánimo de lucro

La Reserva Federal publica el valor neto de los hogares y las organizaciones sin ánimo de lucro en Estados Unidos en un informe titulado *Flujo de Fondos*. A finales del tercer trimestre del año fiscal 2012, este valor era de 64,8 billones de dólares. Al final del primer trimestre del año fiscal 2014, este valor era de 95,5 billones de dólares.

Oferta monetaria

Las medidas más comunes se denominan M0 (la más estrecha), M1, M2 y M3. En Estados Unidos, la Reserva Federal las define como sigue:

La Reserva Federal dejó de publicar las estadísticas de M3 en marzo de 2006, alegando que los datos costaban mucho de recopilar pero no proporcionaban información significativamente útil. Las otras tres medidas de la oferta monetaria se siguen proporcionando de forma detallada.

Índice de precios de los gastos de consumo personal

El índice de precios de los gastos de consumo personal, también denominado simplemente índice de precios PCE, se utiliza como una medida del valor del dinero. Se trata de un indicador del aumento medio de los precios de todo el consumo personal en Estados Unidos. Utilizando una variedad de datos que incluyen los precios del Índice de Precios al Consumidor de los Estados Unidos y del Índice de Precios al Productor de los Estados Unidos, se deriva del mayor componente del producto interior bruto en las Cuentas Nacionales de la Renta y el Producto de la BEA, los gastos de consumo personal.

Una de las principales funciones de la Fed es mantener la estabilidad de los precios, lo que significa que la capacidad de la Fed para mantener una tasa de inflación baja es una medida de su éxito a largo plazo. Aunque la Reserva Federal no está obligada a mantener la inflación dentro de un rango específico, su objetivo a largo plazo para el crecimiento del índice de precios PCE se sitúa entre el 1,5% y el 2%. Los responsables políticos han debatido si la Reserva Federal debería tener una política específica de objetivos de inflación.

La inflación y la economía

La mayoría de los economistas convencionales son partidarios de una tasa de inflación baja y constante. Una inflación baja (en lugar de cero o negativa) puede reducir la gravedad de las recesiones económicas al permitir que el mercado laboral se ajuste más rápidamente en una recesión, y reducir el riesgo de que una trampa de liquidez impida a la política monetaria estabilizar la economía. La tarea de mantener la tasa de inflación baja y estable suele recaer en las autoridades monetarias.

Tasa de desempleo

Uno de los objetivos declarados de la política monetaria es el máximo empleo. Las estadísticas de la tasa de desempleo son recogidas por la Oficina de Estadísticas Laborales y, al igual que el índice de precios PCE, se utilizan como barómetro de la salud económica del país.

Presupuesto

La Reserva Federal se autofinancia. La gran mayoría (más del 90%) de los ingresos de la Reserva Federal proceden de las operaciones de mercado abierto, concretamente de los intereses de la cartera de valores del Tesoro, así como de las "ganancias/pérdidas de capital" que puedan surgir de la compra/venta de los valores y sus derivados como parte de las operaciones de mercado abierto. El resto de los ingresos proceden de la venta de servicios financieros (procesamiento de cheques y pagos electrónicos) y de los préstamos de la ventanilla de descuento. La Junta de Gobernadores (Junta de la Reserva Federal) elabora un informe presupuestario una vez al año para el Congreso. Hay dos informes con información presupuestaria. El que recoge los estados de cuentas completos con ingresos y gastos, así como los beneficios o pérdidas netas, es el gran informe titulado simplemente "Informe Anual". También incluye datos sobre el empleo en todo el sistema. El otro informe, que explica con más detalle los gastos de los diferentes aspectos de todo el sistema, se llama "Informe anual: Revisión del presupuesto". Estos informes completos y detallados pueden encontrarse en el sitio web del Consejo de Gobernadores, en la sección "Informes al Congreso"

Balance de situación

Una de las claves para entender la Reserva Federal es el balance de la Reserva Federal (o estado de cuentas). De acuerdo con la Sección 11 de la Ley de la Reserva Federal, la junta de gobernadores del Sistema de la Reserva Federal publica una vez a la semana el "Estado de Situación Consolidado de todos los Bancos de la Reserva Federal" mostrando la condición de cada banco de la Reserva Federal y un estado consolidado para todos los bancos de la Reserva Federal. La junta de gobernadores exige que el exceso de ganancias de los bancos de la Reserva se transfiera al Tesoro en forma de intereses sobre los billetes de la Reserva Federal.

La Reserva Federal publica su balance cada jueves. A continuación se muestra el balance a 8 de abril de 2021 (en miles de millones de dólares):

Además, el balance también indica qué activos se mantienen como garantía de los bonos de la Reserva Federal.

Crítica

El Sistema de la Reserva Federal se ha enfrentado a diversas críticas desde su creación en 1913. Las críticas incluyen la falta de transparencia, la duda sobre su eficacia debido a lo que algunos consideran un pobre desempeño histórico y las preocupaciones tradicionalistas sobre la degradación del valor del dólar.

Nota de la Reserva Federal

Los billetes de la Reserva Federal, también **billetes de Estados Unidos**, son los billetes del dólar estadounidense emitidos actualmente. La Oficina de Grabado e Impresión de los Estados Unidos produce los billetes bajo la autoridad de la Ley de la Reserva Federal de 1913 y los emite a los Bancos de la Reserva Federal a discreción de la Junta de Gobernadores del Sistema de la Reserva Federal. Los Bancos de la Reserva hacen circular los billetes entre sus bancos miembros, momento en el que se convierten en pasivos de los Bancos de la Reserva y en obligaciones de los Estados Unidos.

Los billetes de la Reserva Federal son de curso legal, con las palabras "este billete tiene curso legal para todas las deudas, públicas y privadas" impresas en cada billete. Sustituyen a los National Bank Notes, que los bancos nacionales emitieron desde 1863 hasta 1935 bajo la autoridad del Tesoro de los Estados Unidos. Los billetes están respaldados por activos financieros que los Bancos de la Reserva Federal pignoran como garantía, que son principalmente valores del Tesoro y valores de agencias hipotecarias que compran en el mercado abierto mediante pago fiduciario.

Historia

Antes de la banca centralizada, cada banco comercial emitía sus propios billetes. La primera institución con responsabilidades de banco central en Estados Unidos fue el Primer Banco de Estados Unidos, constituido en 1791 por Alexander Hamilton. Su carta no fue renovada en 1811 En 1816, se constituyó el Segundo Banco de los Estados Unidos; su carta no se renovó en 1836, después de que el presidente Andrew Jackson hiciera una fuerte campaña a favor de su desestructuración. De 1837 a 1862, en la Era de la Banca Libre, no hubo un banco central formal, y los bancos volvieron a emitir sus propios billetes. De 1862 a 1913, se instituyó un sistema de bancos nacionales mediante la Ley Bancaria Nacional de 1863.

Los billetes de la Reserva Federal se imprimieron a partir de la serie de 1914 en formato de billete grande, y a partir de la serie de 1928 en formato moderno (billete pequeño). Estas últimas dimensiones tienen su origen en el tamaño de los Certificados de Plata en pesos filipinos emitidos en 190 mientras William Howard Taft era gobernador general de Filipinas bajo la administración colonial de los Estados Unidos. En vista de su gran éxito, el presidente Taft nombr posteriormente un comité que informó favorablemente sobre las ventajas y el ahorro que supondría adoptar las dimensiones de los billetes filipinos para su uso en los Estados Unidos.La implementación definitiva del formato actual de tamaño pequeño, sin embargo, no se produjo hasta 1928.

Valor

La autoridad de los Bancos de la Reserva Federal para emitir billetes proviene de la Ley de la Reserva Federal de 1913. Legalmente, son pasivos de los Bancos de la Reserva Federal y obligaciones del gobierno de los Estados Unidos. Aunque no son emitidos por el Departamento del Tesoro, los billetes de la Reserva Federal llevan la firma (grabada) del Tesorero de los Estados Unidos y del Secretario del Tesoro de los Estados Unidos. La larga vacante del puesto de Tesorero provocó un retraso de más de un año antes de que se produjera una nueva serie monetaria en la Administración Biden.

En el momento de la creación de la Reserva Federal, la ley preveía que los billetes se reembolsaran al Tesoro en oro o en "dinero legal". Esta última categoría no estaba explícitamente definida, pero incluía los billetes de los Estados Unidos, los billetes de los bancos nacionales y algunos otros billetes en poder de los bancos para cumplir con los requisitos de reserva, como los certificados de compensación. La Ley Bancaria de Emergencia de 1933 eliminó la obligación del oro y autorizó al Tesoro a satisfacer estas demandas de reembolso con dinero corriente.

billetes de igual valor nominal (lo que supone un cambio de moneda). Bajo el sistema de Bretton Woods, aunque los ciudadanos no podían poseer oro legalmente (excepto como monedas raras, joyas, para fines industriales y similares), el gobierno federal seguía manteniendo un precio internacional estable del oro. Este sistema terminó con el shock de Nixon de 1971. Los actuales billetes de la Reserva Federal no están respaldados por la convertibilidad a ninguna mercancía específica, sino únicamente por los activos de garantía que los bancos de la Reserva Federal depositan para obtenerlos.

Notas de gran tamaño

La serie de FRN de 1914 fue la primera de dos emisiones de gran tamaño. Las denominaciones eran de 5, 10, 20, 50 y 100 dólares, impresos primero con un sello rojo y luego con un sello azul. Los billetes de la serie de 1918 se emitieron en denominaciones de 500, 1.000, 5.000 y 10.000 dólares. Las dos últimas denominaciones sólo existen en colecciones institucionales. Los billetes de las series de 1914 y 1918 que aparecen en las dos tablas siguientes proceden de la Colección Numismática Nacional del Museo Nacional de Historia Americana (Smithsonian Institution).

Según la Ley de Asignación del Departamento del Tesoro de 1929, los billetes emitidos en 1928 y antes eran de 7+7/16 × 3+9/64 pulgadas y las emisiones posteriores debían ser de 6+5/16 × 2+11/16 pulgadas, lo que permitía al Departamento del Tesoro producir 12 billetes por cada hoja de papel de 16+1/4 × 13+1/4 pulgadas que antes producían 8 billetes con el tamaño antiguo.

Las mediciones modernas de estos billetes de gran tamaño revelan una dimensión media de 7+3/8 × 3+1/8 pulgadas (187 × 79 mm). Los billetes de tamaño pequeño (descritos como tales debido a su tamaño en relación con los anteriores billetes de tamaño grande) tienen una media de 6+1/8 × 2+5/8 pulgadas (156 × 67 mm), el tamaño de la moneda moderna de Estados Unidos. Cada medida es de ± 0,08 pulgadas (2 mm) para tener en cuenta los márgenes y los cortes. (Nota: las diferencias de tamaño también pueden implicar cambios históricos en la definición de la pulgada).

Serie 1914 Serie 1918

Producción y distribución

Un banco comercial que mantiene una cuenta de reserva en la Reserva Federal puede obtener billetes del Banco de la Reserva Federal de su distrito cuando lo desee. El banco debe pagar el valor nominal de los billetes cargando (retirando) su cuenta de reserva. Los bancos más pequeños que no tienen una cuenta de reserva en la Reserva Federal pueden mantener sus cuentas de reserva en "bancos corresponsales" más grandes que a su vez mantienen cuentas de reserva en la Reserva Federal.

Los billetes de la Reserva Federal son impresos por la Oficina de Grabado e Impresión (BEP), una oficina del Departamento del Tesoro. Cuando los Bancos de la Reserva Federal necesitan billetes adicionales para su circulación, deben aportar una garantía en forma de obligaciones federales directas, obligaciones de bancos privados o activos adquiridos mediante operaciones de mercado abierto. Si los billetes se imprimen de nuevo, también pagan al BEP el coste de la impresión (unos 4¢ por billete). Esto difiere de la emisión de monedas, que se compran por su valor nominal.

Un Banco de la Reserva Federal puede retirar los billetes que vuelven a estar en circulación, lo que le da derecho a recuperar las garantías que depositó para una emisión anterior. Los billetes retirados en buen estado se guardan en la cámara acorazada del banco para futuras emisiones. Los billetes en mal estado se destruyen y se encargan los reemplazos al BEP. La Reserva Federal destruye cada año 7.000 toneladas de billetes desgastados.

A partir de 2018, los billetes de la Reserva Federal permanecen, en promedio, en circulación durante los siguientes períodos de tiempo:

La Reserva Federal no publica una vida media para el billete de 2 dólares. Esto se debe probablemente a su tratamiento como artículo de colección por parte del público en general, por lo tanto, no está sujeto a la circulación normal.

A partir del billete de 100 dólares de la serie 1996, los billetes de 5 dólares o más tienen una letra especial además de las letras del prefijo que van de la A a la P. La primera letra es la A para la serie 1996; la primera letra es la B para la serie 1999; la primera letra es la C para la serie 2001; la primera letra es la D para la serie 2003; la primera letra es la F para la serie 2003A; la primera letra es la H para la serie 2006; y la primera letra es la K para la serie 2006A, la L para los billetes de 100 $ de la serie 2009, la M para la serie 2013, la N para la serie 2017 y la P para la serie 2017A. La serie 2021 utilizará probablemente la R.

El billete de 20 dólares de la serie 2004, el primero del segundo rediseño, ha mantenido el elemento del doble prefijo especial. La primera letra es la E para la serie 2004; la primera letra es la G para la serie 2004A; la primera letra es la I para la serie 2006; la primera letra es la J para la serie 2009; la primera letra es la L para la serie 2009A; y la primera letra es la M para la serie 2013.

Los billetes de la Reserva Federal están fabricados con un 75% de algodón y un 25% de fibras de lino, suministradas por Crane Currency de Dalton, Massachusetts, específicamente para ese fin.

Apodos

El papel moneda estadounidense ha tenido muchos apodos términos de argot. Los billetes en sí suelen denominarse *illetes* (como en "billete de cinco dólares"). Los billetes ueden denominarse con el nombre o el apellido de la ersona que aparece en el retrato (George para un dólar, o ncluso más popularmente, "Benjamins" para los billetes de 00 dólares).

- Billetes verdes, cualquier cantidad en cualquier denominación de Nota de la Reserva Federal (por la tinta verde utilizada en el reverso). Los Demand Notes emitidos en 1861 tenían reversos con tinta verde, y el Federal Reserve Note de 1914 copió este patrón.
- *Un dólar* por un billete de un dólar
- *fin* es un término de argot para un billete de cinco dólares, del yiddish "finf" que significa cinco.
- *sawbuck* es un término del argot para referirse a un billete de diez dólares, por la imagen del número romano X y su parecido con el utensilio de carpintería.
- *double sawbuck* es el término de argot para un billete de veinte dólares, a partir de la imagen del número romano XX.
- Los billetes de cien dólares se llaman a veces "Benjamins" (en referencia a su retrato de Benjamin Franklin) o *C-Notes* (la letra "C" es el número romano 100).
- *Presidentes muertos*, en referencia a los retratos que figuran en el anverso de cada billete. (Nótese que este coloquialismo es parcialmente incorrecto; ni Alexander Hamilton ni Benjamin Franklin, que

aparecen en los billetes de diez y cien dólares respectivamente, fueron nunca presidentes).

Críticas

Seguridad

A pesar de la incorporación relativamente tardía del color y otras características antifalsificación a la moneda estadounidense, los críticos sostienen que sigue siendo un asunto sencillo falsificar estos billetes. Señalan que la capacidad de reproducir imágenes en color está al alcance de las modernas impresoras en color, la mayoría de las cuales son asequibles para muchos consumidores. Estos críticos sugieren que la Reserva Federal debería incorporar elementos holográficos, como se utilizan en la mayoría de las demás monedas importantes, como la libra esterlina, el dólar canadiense y los billetes de euro, que son más difíciles y costosos de falsificar. Otra tecnología robusta, el billete de polímero, se ha desarrollado para el dólar australiano y se ha adoptado para el dólar neozelandés, el leu rumano, la kina de Papúa Nueva Guinea, el dólar canadiense y otros billetes en circulación, así como los conmemorativos, de otros países.

países. Se dice que son más seguros, más limpios y más duraderos que los billetes de papel, pero ese no es el caso de los billetes estadounidenses, que ya están diseñados para ser más duraderos que los tradicionales de algodón, y la vida en circulación así lo demuestra. Sin embargo, uno de los principales problemas que plantea la aplicación de estas medidas o de cualquier otra nueva medida contra la falsificación es que (aparte de la Orden Ejecutiva 6102) Estados Unidos nunca ha desmonetizado ni ha exigido el cambio obligatorio de ninguna moneda existente. En consecuencia, los posibles falsificadores pueden eludir fácilmente cualquier nuevo elemento de seguridad simplemente falsificando los diseños más antiguos, aunque una vez que se lanza un nuevo diseño, los diseños más antiguos suelen ser retirados de la circulación a medida que pasan por los Bancos de la Reserva Federal.

Sin embargo, la moneda estadounidense tiene varias características contra la falsificación. Dos de las características más importantes contra la falsificación de la moneda estadounidense son el papel y la tinta. La tinta y el papel se combinan para crear una textura distintiva, especialmente cuando la moneda circula. El papel y la tinta por sí solos no tienen ningún efecto sobre el valor del dólar hasta después de la impresión. Estas características pueden ser difíciles de duplicar sin el equipo y los materiales adecuados. Además, los recientes rediseños de los billetes de 5, 10, 20 y 50 dólares han añadido patrones de constelación EURion que pueden ser utilizados por el software de escaneo para reconocer los billetes y negarse a escanearlos.

Los diferentes tamaños de los billetes de otros países son un elemento de seguridad que elimina una forma de falsificación a la que es propensa la moneda estadounidense: Los falsificadores pueden simplemente blanquear la tinta de un billete de baja denominación, como uno de 1 o 5 dólares, y reimprimirlo como un billete de mayor valor, como uno de 100 dólares. Para contrarrestar esta situación, el gobierno de EE.UU. ha incluido en todos los billetes de 5 dólares y de mayor valor desde la serie de 1990 un hilo de seguridad, que es una tira laminada vertical con información impresa sobre la denominación. Bajo la luz ultravioleta, el hilo de seguridad emite un color diferente para cada denominación (billete de 5 dólares: azul; billete de 10 dólares: naranja; billete de 20 dólares: verde; billete de 50 dólares: amarillo; billete de 100 dólares: rojo). Además, el nuevo diseño del billete de 100 dólares, lanzado en 2013, tiene un hilo de seguridad en 3D que ha demostrado ser muy resistente a la falsificación y, a la vez, fácilmente comprensible para el público sin necesidad de herramientas o luces especiales.

Según los bancos centrales, el número de billetes falsos incautados anualmente es de aproximadamente 10 en un millón de billetes reales para el franco suizo, de 50 en un millón para el euro, de 100 en un millón para el dólar estadounidense y de 300 en un millón para la libra esterlina (estilo antiguo).

Diferenciación

Los críticos, como el Consejo Americano de Ciegos, señalan que los billetes estadounidenses son relativamente difíciles de distinguir: utilizan diseños muy similares, están impresos en los mismos colores (hasta los billetes de 2003, en los que se añadió un tenue color secundario) y todos tienen el mismo tamaño. El American Council of the Blind (Consejo Americano de Ciegos) ha defendido que el diseño del papel moneda estadounidense debería utilizar tamaños crecientes en función del valor o características en relieve o sangradas para que la moneda sea más utilizable por las personas con problemas de visión, ya que actualmente las denominaciones no pueden distinguirse unas de otras de forma no visual. El uso de códigos Braille en la moneda no se considera una solución deseable porque estas marcas sólo serían útiles para las personas que saben leer Braille, y un símbolo Braille puede confundirse con otro si se borra aunque sea un solo trozo. Aunque algunas personas ciegas afirman que no tienen problemas para llevar la cuenta de su dinero porque doblan los billetes de distintas maneras o los guardan en distintos lugares de sus carteras, deben confiar en personas videntes o en máquinas lectoras de moneda para determinar el valor de cada billete antes de archivarlo mediante el sistema que elijan. Esto significa que, por muy organizados que estén, los invidentes tienen que confiar en personas videntes o en máquinas cada vez que reciben billetes estadounidenses.

Por el contrario, otras monedas importantes, como la libra esterlina y el euro, presentan billetes de distintos tamaños: el tamaño del billete aumenta con la denominación y las diferentes denominaciones se imprimen en colores diferentes y contrastados. Esto es útil no sólo para las personas con problemas de visión; casi eliminan el riesgo de que, por ejemplo, alguien no advierta un billete de alto valor entre los de bajo valor.

Se consideró la posibilidad de utilizar múltiples tamaños de moneda en Estados Unidos, pero los fabricantes de máquinas expendedoras y de cambio argumentaron con éxito que la implantación de una gama tan amplia de tamaños aumentaría enormemente el coste y la complejidad de dichas máquinas. En Europa se esgrimieron sin éxito argumentos similares antes de la introducción de múltiples tamaños de billetes.

Además de los colores contrastados y el aumento de tamaño, las monedas de muchos otros países contienen elementos táctiles que no existen en los billetes estadounidenses para ayudar a los invidentes. Por ejemplo, los billetes canadienses tienen una serie de puntos en relieve (no en braille) en la esquina superior derecha para indicar la denominación. Los billetes del peso mexicano también tienen líneas discontinuas en relieve. La rupia india tiene dibujos en relieve de diferentes formas impresos para varias denominaciones a la izquierda de la ventana de la marca de agua (20: rectángulo vertical; 50: cuadrado; 100: triángulo; 500: círculo; 1.000: diamante).

Demanda de los ciegos por el diseño de los billetes de E.UU.

El 28 de noviembre de 2006, el juez de distrito James Robertson dictaminó que los billetes estadounidenses suponían una carga indebida para los ciegos y les negaban un "acceso significativo" al sistema monetario de Estados Unidos. En su sentencia, Robertson señaló que Estados Unidos era la única nación de las 180 que emiten papel moneda que imprimía billetes idénticos en tamaño y color en todas sus denominaciones, y que el uso exitoso de características como los tamaños variables, las letras en relieve y las diminutas perforaciones utilizadas por otras naciones es una prueba de que los cambios ordenados son factibles. El abogado del demandante fue citado diciendo: "Es francamente injusto que los ciegos tengan que confiar en la buena fe de personas que nunca han conocido para saber si les han dado el cambio correcto". Los abogados del gobierno estimaron que el coste de dicho cambio oscila entre los 75 millones de dólares en mejoras de equipos y 9 millones de dólares de gastos anuales por perforar las facturas a 178 millones de dólares de gastos puntuales y 50 millones de dólares de gastos anuales por la impresión de billetes de diferentes tamaños.

Robertson aceptó el argumento del demandante de que la práctica actual viola la Sección 504 de la Ley de Rehabilitación.El juez ordenó al Departamento del Tesoro de los Estados Unidos que empezara a trabajar en un rediseño en un plazo de 30 días,pero el Tesoro apeló la decisión.

El 20 de mayo de 2008, en una decisión de 2 a 1, el Tribunal de Apelaciones de los Estados Unidos para el Circuito del Distrito de Columbia confirmó la sentencia anterior, señalando que las estimaciones de costes estaban infladas y que no se habían tenido en cuenta adecuadamente las cargas para los usuarios de moneda ciegos y con discapacidad visual.

El 3 de octubre de 2008, el juez Robertson del Tribunal de Distrito de Washington, D.C.
concedió la orden judicial.

Como resultado de la orden judicial, la Oficina de Grabado e Impresión está planeando implementar una característica táctil en relieve en el próximo rediseño de cada billete, excepto el de 1 dólar (que no está permitido rediseñar, Pub.L. 114-113 (texto) (PDF), 129 Stat. 2431, promulgado el 18 de diciembre de 2015), aunque la versión del billete de 100 dólares ya está en marcha. También prevé números más grandes y de mayor contraste, más diferencias de color y la distribución de lectores de moneda para ayudar a los discapacitados visuales durante el período de transición. La Oficina recibió un estudio exhaustivo sobre las opciones de accesibilidad en julio de 2009, y solicitó comentarios del público de mayo a agosto de 2010.

Autorizaciones legales para la moneda, y limitaciones en el diseño

El Secretario del Tesoro tiene la obligación de producir moneda y bonos. 31 U.S.C. § 5114. La normativa del Departamento del Tesoro especifica además la calidad del papel y la tinta que deben utilizarse. 31 C.F.R. Parte 601. Las denominaciones y el diseño de la moneda no están especificados por ley; por ejemplo, la elección de 1$, 5$, 10$, 20$, 50$ y 100$, y los retratos de cada uno, se dejan en gran medida a la discreción del Secretario del Tesoro.

Hay pocos requisitos establecidos por el Congreso. El lema nacional "In God We Trust" (En Dios Confiamos) debe aparecer en todas las monedas y billetes estadounidenses. Aunque el lema había aparecido periódicamente en las monedas desde 1865, no aparecía en la moneda (salvo en los billetes con intereses de 1861) hasta que una ley aprobada en 1956 lo exigió. Comenzó a aparecer en los billetes de la Reserva Federal entregados entre 1964 y 1966, según la denominación.

En los retratos que aparecen en la moneda estadounidense sólo pueden figurar personas fallecidas, cuyos nombres deben incluirse debajo de cada uno de los retratos. Desde la estandarización de los billetes en 1928, el Departamento del Tesoro ha optado por presentar los mismos retratos en los billetes.

Estos retratos fueron decididos en 1929 por un comité nombrado por el Tesoro. En un principio, el comité había decidido incluir a los presidentes de Estados Unidos porque eran más conocidos por el público que otros posibles candidatos. Sin embargo, el Tesoro modificó esta decisión para incluir a tres estadistas que también eran bien conocidos por el público: Alexander Hamilton (el primer Secretario del Tesoro que aparece en el billete de 10 dólares), Salmon P. Chase (el Secretario del Tesoro durante la Guerra Civil estadounidense que aparecía en el ahora obsoleto billete de 10.000 dólares) y Benjamin Franklin (firmante de la Declaración de Independencia y de la Constitución, que aparece en el billete de 100 dólares). En 2016, el Tesoro anunció una serie de cambios de diseño en los billetes de 5, 10 y 20 dólares; que se introducirán en los próximos diez años. Los rediseños incluyen:

- El reverso del billete de 5 dólares se modificará para mostrar acontecimientos históricos en el Lincoln Memorial ilustrado, añadiendo retratos de Marian Anderson (debido a su famosa actuación allí después de que se le impidiera entrar en el Constitution Hall por su raza), Martin Luther King Jr. (debido a su famoso discurso I Have A Dream) y Eleanor Roosevelt (que organizó la actuación de Anderson).
- El reverso del billete de 10 dólares se cambiará para mostrar una marcha de 1913 por el sufragio femenino en Estados Unidos, además de retratos de Sojourner Truth, Lucretia Mott, Susan B. Anthony, Alice Paul y Elizabeth Cady Stanton.
- En el billete de 20 dólares, Andrew Jackson pasará al reverso (de tamaño reducido, junto a la Casa Blanca) y Harriet Tubman aparecerá en el anverso.

Tras un intento infructuoso en la propuesta de Ley de Modernización de la Moneda Legal de 2001, la Ley Omnibus de Asignaciones de 2009 exigió que no se utilizara ninguno de los fondos reservados para el Tesoro o la Oficina de Grabado e Impresión para rediseñar el billete de dólar. Esto se debe a que cualquier cambio afectaría a las máquinas expendedoras y el riesgo de falsificación es bajo para esta pequeña denominación. Esto sustituyó a la Ley de la Reserva Federal (Sección 16, Párrafo 8) que autoriza al Tesoro a rediseñar cualquier billete para evitar la falsificación.

Junta de Gobernadores de la Reserva Federal

La **Junta de Gobernadores del Sistema de la Reserva Federal**, comúnmente conocida como la **Junta de la Reserva Federal**, es el principal órgano de gobierno del Sistema de la Reserva Federal. Se encarga de supervisar los bancos de la Reserva Federal y de ayudar a aplicar la política monetaria de los Estados Unidos. Los gobernadores son nombrados por el presidente de los Estados Unidos y confirmados por el Senado para mandatos escalonados de 14 años.

Descripción legal

Según la ley, los nombramientos deben dar lugar a una "justa representación de los intereses financieros, agrícolas, industriales y comerciales y de las divisiones geográficas del país". Según lo estipulado en la Ley Bancaria de 1935, el Presidente y el Vicepresidente de la Junta son dos de los siete miembros de la Junta de Gobernadores que son nombrados por el Presidente entre los gobernadores en ejercicio de los Bancos de la Reserva Federal.

Los mandatos de los siete miembros del Consejo abarcan varios mandatos presidenciales y del Congreso. Una vez que el presidente nombra a un miembro del Consejo de Gobernadores, éste

nciona en su mayor parte de forma independiente. Esta
dependencia cuenta con el apoyo unánime de los
rincipales economistas. La Junta debe presentar un
forme anual de las operaciones al Presidente de la
ámara. También supervisa y regula las operaciones de los
ancos de la Reserva Federal, y el
istema bancario estadounidense en general. La Junta
btiene su financiación de las tasas que impone a los
ancos de la Reserva Federal, y no del presupuesto
ederal.

os estatutos limitan la duración de los miembros, y un
iembro que haya cumplido un mandato completo de 14
ños no puede ser reelegido. Hay numerosas ocasiones en
as que una persona fue nombrada para servir el resto del
andato no completado de otro miembro, y ha sido
ombrada de nuevo para servir un mandato completo de 14
ños. Dado que "al expirar su mandato, los miembros del
onsejo seguirán ejerciendo sus funciones hasta que sus
ucesores sean nombrados y hayan cumplido los
equisitos", es posible que un miembro ejerza su cargo
urante un periodo considerablemente superior a los 14
ños completos. La ley prevé que el Presidente pueda
estituir a un miembro de la Junta "por causa justificada".

l Presidente y el Vicepresidente del Consejo de
obernadores son nombrados por el Presidente entre los
obernadores en ejercicio. Ambos ejercen un mandato de
uatro años y pueden ser reelegidos tantas veces como el
residente decida, hasta que expire su mandato en el
onsejo de Gobernadores.

Los siete miembros de la Junta de Gobernadores de la Reserva Federal y los cinco presidentes de los bancos de la Reserva Federal dirigen las operaciones de mercado abierto que establecen la política monetaria de Estados Unidos a través de su pertenencia al Comité Federal de Mercado Abierto (FOMC).

Los registros de la Junta de Gobernadores de la Reserva Federal se encuentran en el Grupo de Registros n. 82 de los Archivos Nacionales y Administración de Registros.

Comités

Hay ocho comisiones.

- Comisión de Asuntos del Consejo
- Comisión de Consumidores y Asuntos Comunitarios
- Comisión de Control e Investigación Económica y Financiera
- Comité de Estabilidad Financiera
- Comité de Asuntos Bancarios de la Reserva Federal
- Comité de Supervisión Bancaria
- Subcomisión de Pequeños Bancos Regionales y Comunitarios
- Comisión de Pagos, Compensación y Liquidación

Lista de gobernadores

La siguiente es una lista de los miembros anteriores y actuales de la Junta de Gobernadores del Sistema de la Reserva Federal. Los gobernadores ejercen sus funciones durante catorce años a partir de su nombramiento y los miembros que cumplen un mandato completo no pueden ser nombrados de nuevo; cuando el gobernador completa una parte del mandato que no ha expirado puede ser nombrado de nuevo. Desde la creación de la Reserva Federal en 1914, las siguientes personas han ocupado el cargo de gobernador.

Estatus

- *La cursiva* indica la fecha de vencimiento del plazo

Sucesión de escaños

La Junta de la Reserva Federal tiene siete puestos sujetos a la confirmación del Senado, independientemente del mandato de un miembro como presidente o vicepresidente.

Estructura de liderazgo

El Presidente, el Vicepresidente y el Vicepresidente de Supervisión son nombrados por el Presidente de entre los miembros en activo del Consejo para un mandato de cuatro años y pueden ser renombrados tantas veces como el Presidente decida, sujeto a la confirmación del Senado cada vez, hasta que sus mandatos en el Consejo de Gobernadores expiren.

Candidaturas fallidas

Los siguientes fueron nominados formalmente para ocupar un escaño vacante pero no fueron confirmados por el Senado. Además, Steve Moore y Herman Cain fueron anunciados, pero nunca nominados formalmente, para ocupar los puestos de Bloom Raskin y Yellen (sin especificar qué puesto o distrito) por Donald Trump en 2019 antes de ser retirados de la consideración.

Ley de la Reserva Federal

La **Ley de la Reserva Federal** fue aprobada por el 63º Congreso de los Estados Unidos y firmada por el presidente Woodrow Wilson el 23 de diciembre de 1913. La ley creó el Sistema de la Reserva Federal, el sistema bancario central de Estados Unidos.

El Pánico de 1907 convenció a muchos estadounidenses de la necesidad de establecer un sistema de banca central, del que el país carecía desde la Guerra de los Bancos de la década de 1830. Después de que los demócratas obtuvieran el control unificado del Congreso y de la presidencia en las elecciones de 1912, el presidente Wilson, el congresista Carter Glass y el senador Robert Latham Owen elaboraron un proyecto de ley de banca central que ocupaba un lugar intermedio entre el Plan Aldrich, que pedía el control privado del sistema bancario central, y los progresistas como William Jennings Bryan, que estaban a favor del control gubernamental del sistema bancario central.

Wilson convirtió el proyecto de ley en una de las principales prioridades de su programa interno de la Nueva Libertad, y contribuyó a que se aprobara en ambas cámaras del Congreso sin grandes enmiendas. Más tarde, el presidente Wilson criticó la gran centralización del crédito y señaló el perjuicio directo para el desarrollo del Estado. Lo escribió en su libro "Woodrow Wilson The New Freedom" en la página original 111 o en el visor de pdf en la página 116: "Sea como sea, es más importante aún que el control del crédito también se ha centralizado peligrosamente. Es la mera verdad decir que los recursos financieros del país no están al mando de aquellos que no se someten a la dirección y dominación de pequeños grupos de capitalistas que desean mantener el desarrollo económico del país bajo su propia mirada y guía. El gran monopolio de este país es el de los grandes créditos. Mientras eso exista, nuestra antigua variedad y libertad y la energía individual de desarrollo están fuera de lugar. Una gran nación industrial está controlada por su sistema de crédito. Nuestro sistema de crédito está concentrado privadamente".

La Ley de la Reserva Federal creó el Sistema de la Reserva Federal, formado por doce bancos regionales de la Reserva Federal responsables conjuntamente de gestionar la oferta monetaria del país, conceder préstamos y supervisar a los bancos, y servir como prestamista de última instancia. Para dirigir el Sistema de la Reserva Federal, la ley estableció la Junta de

Gobernadores de la Reserva Federal, cuyos miembros son nombrados por el presidente. La Ley Bancaria de 1933 modificó la Ley de la Reserva Federal para crear el Comité Federal de Mercado Abierto, que supervisa las operaciones de mercado abierto de la Reserva Federal. Una enmienda posterior exige a la Reserva Federal "promover eficazmente los objetivos de máximo empleo, precios estables y tipos de interés moderados a largo plazo".

Resumen

La Ley de la Reserva Federal creó un sistema de entidades privadas y públicas. Debía haber al menos ocho y no más de doce bancos regionales privados de la Reserva Federal. Se establecieron doce, y cada uno de ellos contaba con varias sucursales, un consejo de administración y límites de distrito. Se creó el Consejo de la Reserva Federal, compuesto por siete miembros, como órgano de gobierno del

Federal. Cada miembro es nombrado por el Presidente de los EE.UU. y confirmado por el Senado de los EE.UU. En 1935, la Junta fue rebautizada y reestructurada. También se creó, como parte del Sistema de la Reserva Federal, un Comité Asesor Federal de 12 miembros y una nueva y única moneda estadounidense, el billete de la Reserva Federal. La Ley de la Reserva Federal creó una moneda nacional y un sistema monetario que podía responder eficazmente a las tensiones del sistema bancario y crear un sistema financiero estable. Con el objetivo de crear un sistema monetario nacional y la estabilidad financiera, la Ley de la Reserva Federal también proporcionó muchas otras funciones y servicios financieros para la economía, como la compensación y el cobro de cheques para todos los miembros de la Reserva Federal.

Con la aprobación de la Ley de la Reserva Federal, el Congreso exigió que todos los bancos constituidos a nivel nacional se convirtieran en miembros del Sistema de la Reserva Federal. A estos bancos se les exigió que compraran determinadas acciones no transferibles en sus bancos regionales de la Reserva Federal, y que apartaran una cantidad estipulada de reservas que no devengan intereses en sus respectivos bancos de reserva. Desde 1980, todas las instituciones de depósito están obligadas a constituir reservas en la Reserva Federal. Estas instituciones tienen derecho a ciertos servicios de la Reserva Federal. A los bancos constituidos por el Estado se les dio la opción de convertirse en miembros del Sistema de la Reserva Federal y, en caso de ejercer dicha opción, debían estar sujetos a la supervisión, en parte, del Sistema de la Reserva Federal. Los bancos miembros tenían derecho a acceder a préstamos con descuento en la ventanilla de descuento de sus respectivos bancos de reserva, a un dividendo anual del 6% en sus acciones de la Reserva Federal y a otros servicios.

Antecedentes

La banca central ha hecho varias apariciones institucionales a lo largo de la historia de Estados Unidos. Estas instituciones comenzaron con el Primer y Segundo Banco de los Estados Unidos, que fueron defendidos en gran parte por Alexander Hamilton.

First Bank of United States

El sistema financiero estadounidense estaba profundamente fragmentado tras la Guerra de la Independencia. El gobierno estaba agobiado por grandes deudas de guerra, y la nueva república necesitaba una institución financiera fuerte para dar al país una base financiera resistente. Alexander Hamilton y Thomas Jefferson tenían opiniones opuestas sobre si Estados Unidos podía beneficiarse de una institución financiera nacional al estilo europeo. Hamilton estaba a favor de crear una institución política y económica fuerte y centralizada para resolver el problema financiero del país. Argumentaba que un banco central podría poner orden en el sistema monetario de EE.UU., gestionar los ingresos y los pagos del gobierno y proporcionar crédito tanto al sector público como al privado. Por otro lado, Jefferson desconfiaba profundamente de un banco central porque, según él, socavaría la democracia.

Jefferson y los congresistas del Sur también creían que una institución financiera central fuerte serviría a los intereses comerciales del Norte a expensas de los intereses agrícolas del Sur, cuyo crédito era proporcionado por los bancos locales durante la época posterior a la guerra revolucionaria.El Primer Banco de los Estados Unidos se estableció en 1791 con una duración de veinte años. El gobierno estadounidense era el mayor accionista del banco. A pesar de su condición de accionista, el gobierno no podía participar en la gestión del banco. El banco aceptaba depósitos, emitía billetes y concedía préstamos a corto plazo al gobierno. También funcionaba como cámara de compensación de la deuda pública. El banco también podía regular a los bancos constituidos por el Estado para evitar la sobreproducción de billetes. El banco tuvo mucho éxito en la financiación del gobierno y en la estimulación de la economía. A pesar de sus éxitos, la hostilidad contra el banco no desapareció. Los jeffersonianos cuestionaron la constitucionalidad del banco. En 1811, el primer banco de los Estados Unidos no fue renovado por un voto tanto en la Cámara como en el Senado.

Segundo Banco de los Estados Unidos

Tras la Guerra de 1812, la inestabilidad económica hizo necesaria la creación de un segundo banco nacional. Debido a la expansión de la oferta monetaria y a la falta de supervisión, la actividad de los bancos individuales provocó una gran inflación. En 1816, se creó un segundo banco nacional con una carta de veinte años. Tres años Más tarde, durante el pánico de 1819, el segundo banco de los Estados Unidos fue culpado por extender demasiado el crédito en un boom de tierras, y endurecería las políticas de crédito tras el pánico.El segundo banco era impopular entre los bancos fletados por los estados del oeste y del sur, y se cuestionó la constitucionalidad de un banco nacional. El presidente Jackson llegaría al poder y deseaba acabar con el banco central actual durante su presidencia. Bajo la premisa de que el banco favorecía a una pequeña élite económica y política a expensas de la mayoría pública, el Segundo Banco se convirtió en privado tras expirar su carta en 1836, y se sometería a liquidación en 1841.

Durante casi 80 años, Estados Unidos estuvo sin banco central después de que se dejara expirar la carta del Segundo Banco de Estados Unidos. Después de varios pánicos financieros, especialmente uno grave en 1907, algunos estadounidenses se convencieron de que el país necesitaba algún tipo de reforma bancaria y monetaria que, cuando se viera amenazado por los pánicos financieros, proporcionara una reserva lista de activos líquidos y, además, permitiera que la moneda y el crédito se expandieran y contrajeran estacionalmente dentro de la economía estadounidense.

arte de esto se recogió en los informes de la Comisión Monetaria Nacional (1909-1912), creada por la Ley Aldrich-Vreeland en 1908. En un informe de la Comisión, presentado al Congreso el 9 de enero de 1912, se incluían recomendaciones y un proyecto de ley con 59 secciones, para proponer cambios en las leyes bancarias y monetarias de Estados Unidos. La legislación propuesta se conocía como el Plan Aldrich, en honor al presidente de la Comisión, el senador republicano Nelson W. Aldrich de Rhode Island.

El Plan preveía la creación de una Asociación Nacional de la Reserva con 15 sucursales regionales de distrito y 46 directores dispersos geográficamente, principalmente de la profesión bancaria. La Asociación de la Reserva concedería préstamos de emergencia a los bancos miembros, imprimiría dinero y actuaría como agente fiscal del gobierno de Estados Unidos. Los bancos estatales y nacionales tendrían la opción de suscribir acciones específicas en su sucursal local de la asociación. En general, se cree que las líneas generales del Plan se formularon en una reunión secreta celebrada en la isla de Jekyll en noviembre de 1910, a la que asistieron Aldrich y otros financieros bien relacionados.

Dado que el Plan Aldrich otorgaba muy poco poder al gobierno, hubo una fuerte oposición al mismo por parte de los estados rurales y occidentales debido al temor de que se convirtiera en una herramienta de los banqueros, específicamente del Money Trust de Nueva York. De hecho, desde mayo de 1912 hasta enero de 1913, el Comité Pujo, un subcomité del Comité de Banca y Moneda de la Cámara de Representantes, celebró audiencias de investigación sobre el supuesto Money Trust y sus direcciones interconectadas. Estas audiencias fueron presididas por el Rep. Arsene Pujo, representante demócrata de Luisiana.

En las elecciones de 1912, el Partido Demócrata ganó el control de la Casa Blanca y de ambas cámaras del Congreso. La plataforma del partido declaraba una fuerte oposición al Plan Aldrich. La plataforma también pedía una revisión sistemática de las leyes bancarias de forma que se aliviaran los pánicos financieros, el desempleo y la depresión empresarial, y se protegiera al público del "dominio de lo que se conoce como Money Trust". El plan final, sin embargo, era bastante similar al Plan Aldrich, con algunas revisiones. El senador Carter Glass hizo estas revisiones, aunque la premisa principal del Plan Aldrich estaba ahí. Cambios en el sistema bancario y monetario de Estados Unidos]. House Report No. 69, 63rd Congress to accompany H.R. 7837, presentado al pleno de la Cámara por Carter Glass, del House Committee on Banking and Currency, 9 de septiembre de 1913. En este informe, páginas 3 a 11, se exponen las deficiencias del sistema bancario vigente en ese momento, así como las del Plan Aldrich, y se citan citas de la plataforma demócrata de 1912.

Historia legislativa

Antes de la introducción de la H.R. 7837 se habían realizado intentos de reformar la moneda y la banca en Estados Unidos. La primera forma importante de este tipo de legislación se produjo con el Primer Banco de los Estados Unidos en 1791. Promovido por Alexander Hamilton, se estableció un banco central que incluía en una expansión en tres partes del poder fiscal y monetario federal (incluyendo la ceca federal y los impuestos al consumo). Se hicieron intentos de ampliar la carta de este banco, pero fracasarían antes de la expiración de la carta en 1811. Esto condujo a la creación del Segundo Banco de los Estados Unidos. En 1816, el Congreso de los Estados Unidos fletó este Segundo Banco por un período de veinte años para crear moneda irredimible con la que pagar los costes de la Guerra de 1812. La creación de moneda irredimible autorizada por el Congreso por parte del Segundo Banco de los Estados Unidos abrió la puerta a la posibilidad de imponer impuestos por la inflación. El Congreso no quería que los bancos fletados por el Estado compitieran en la inflación de la moneda. La carta del Segundo Banco expiraría en 1836, dejando a los Estados Unidos sin un banco central durante casi ochenta años.

Tras el Pánico de 1907, los líderes de ambos partidos estuvieron de acuerdo en la necesidad de crear algún tipo de sistema bancario central para coordinar las emergencias financieras. La mayoría de los líderes también buscaban una reforma monetaria, ya que creían que los aproximadamente 3.800 millones de dólares en monedas y billetes no proporcionaban un suministro de dinero adecuado durante los pánicos financieros. Bajo el liderazgo del senador republicano conservador Nelson Aldrich, la Comisión Monetaria Nacional había presentado un plan para establecer un sistema de banca central que emitiera moneda y proporcionara supervisión y préstamos a los bancos de la nación. Sin embargo, muchos progresistas desconfiaban del plan debido al grado de influencia que tendrían los banqueros sobre el sistema de banca central. Apoyándose en los consejos de Louis Brandeis, Wilson buscó un punto intermedio entre progresistas como William Jennings Bryan y republicanos conservadores como Aldrich. Declaró que el sistema bancario debía ser "público y no privado, [y] debe ser investido por el propio gobierno, de modo que los bancos sean los instrumentos, no los dueños, de los negocios".

El congresista demócrata Carter Glass y el senador Robert L. Owen elaboraron un plan de compromiso en el que los bancos privados controlarían doce bancos regionales de la Reserva Federal, pero el control del sistema recaería en una junta central formada por personas nombradas por el presidente. El sistema de doce bancos regionales se diseñó con el objetivo de disminuir la influencia de Wall Street. Wilson convenció a los partidarios de Bryan de que el plan satisfacía sus demandas de una moneda elástica porque los billetes de la Reserva Federal serían obligaciones del gobierno. El proyecto de ley fue aprobado por la Cámara de Representantes en septiembre de 1913, pero se enfrentó a una fuerte oposición en el Senado. Después de que Wilson convenciera a un número suficiente de demócratas para derrotar una enmienda presentada por el presidente del banco, Frank A. Vanderlip, que habría dado a los bancos privados un mayor control sobre el sistema bancario central, el Senado votó 54-34 para aprobar la Ley de la Reserva Federal. Wilson firmó la ley en diciembre de 1913.

Enmiendas

La Ley de la Reserva Federal ha sufrido muchas modificaciones después de su aplicación. Las primeras modificaciones burocráticas se hicieron para tener en cuenta la admisión de estados como Hawai y Alaska en la Unión, como la reestructuración de los distritos y las especificaciones de jurisdicción.

Ampliación de la carta

La Ley de la Reserva Federal concedió originalmente una carta de veinte años a los Bancos de la Reserva Federal: "Tener sucesión por un período de veinte años a partir de su organización, a menos que sea disuelto antes por una ley del Congreso, o a menos que su franquicia se pierda por alguna violación de la ley". Esta cláusula fue modificada el 25 de febrero de 1927: "Tener sucesión después de la aprobación de esta ley hasta su disolución por Ley del Congreso o hasta la pérdida de la franquicia por violación de la ley". El éxito de esta enmienda es notable, ya que en 1933, Estados Unidos estaba inmerso en la Gran Depresión y el sentimiento público con respecto al Sistema de la Reserva Federal y la comunidad bancaria en general se había deteriorado significativamente. Teniendo en cuenta el clima político, incluido el de la administración de Franklin D Roosevelt y la legislación del New Deal, no es seguro que el Sistema de la Reserva Federal hubiera sobrevivido.

Comité Federal de Mercado Abierto

En 1933, mediante la Ley Bancaria de 1933, se modificó la Ley de la Reserva Federal para crear el Comité Federal de Mercado Abierto (FOMC), formado por los siete miembros de la Junta de Gobernadores del Sistema de la Reserva Federal y cinco representantes de los Bancos de la Reserva Federal. El FOMC debe reunirse al menos cuatro veces al año (en la práctica, el FOMC suele reunirse ocho veces) y tiene la facultad de dirigir todas las operaciones de mercado abierto de los bancos de la Reserva Federal.

12 USC § 225a

El 16 de noviembre de 1977, la Ley de la Reserva Federal fue modificada para exigir al Consejo y al FOMC que "promuevan eficazmente los objetivos de máximo empleo, precios estables y tipos de interés moderados a largo plazo". También se exigió al Presidente que compareciera ante el Congreso en audiencias semestrales para informar sobre la ejecución de la política monetaria, sobre la evolución económica y sobre las perspectivas de futuro. La Ley de la Reserva Federal ha sido modificada por unas 200 leyes posteriores del Congreso. Sigue siendo una de las principales leyes bancarias de Estados Unidos.

Impacto

La aprobación de la Ley de la Reserva Federal de 1913 tuvo implicaciones tanto a nivel nacional como internacional para el sistema económico de Estados Unidos. La ausencia de una estructura bancaria central en Estados Unidos antes de esta ley dejó una esencia financiera que se caracterizaba por la inmovilidad de las reservas y la inelasticidad de la moneda. La creación de la Reserva Federal le otorgó el control para regular la inflación, aunque el control del gobierno sobre tales poderes acabaría llevando a decisiones que fueron controvertidas. Algunas de las implicaciones más destacadas son la internacionalización del dólar estadounidense como moneda mundial, el impacto de la percepción de la estructura del Banco Central como un bien público al crear un sistema de estabilidad financiera (Parthemos 19- 28), y el impacto de la Reserva Federal en respuesta a los pánicos económicos. La Ley de la Reserva Federal también permitió a los bancos nacionales conceder préstamos hipotecarios para tierras agrícolas, algo que no se había permitido anteriormente.

Críticas

A lo largo de la historia de Estados Unidos, ha habido un debate económico y político permanente sobre los costes y beneficios de la banca central. Desde la creación de un banco central en los Estados Unidos, hubo múltiples opiniones opuestas a este tipo de sistema económico.

La oposición se basaba en el sentimiento proteccionista; un banco central serviría a un puñado de financieros a expensas de los pequeños productores, empresas, agricultores y consumidores, y podría desestabilizar la economía a través de la especulación y la inflación. Esto creó aún más controversia sobre quiénes seleccionarían a los responsables de la Reserva Federal. Los defensores argumentaban que un sistema bancario fuerte podía proporcionar suficiente crédito para una economía en crecimiento y evitar las depresiones económicas. Otros puntos de vista críticos incluían la creencia de que el proyecto de ley otorgaba demasiado poder al gobierno federal, después de que el Senado revisara el proyecto de ley para crear 12 miembros de la junta, cada uno de ellos nombrado por el presidente.

Antes de la creación de la Reserva Federal, ningún sistema bancario central estadounidense duró más de 25 años. Algunas de las cuestiones planteadas son: si el Congreso tiene la facultad constitucional de delegar su poder de acuñar moneda o emitir papel moneda (una referencia obvia al Artículo 1, Sec. 8, Cláusula 5, que establece: "El Congreso tendrá la facultad de acuñar moneda, regular su valor y el de las monedas extranjeras, y fijar el patrón de pesos y medidas"), si la estructura de la Reserva Federal es lo suficientemente transparente, si la Reserva Federal es un cártel público de bancos privados (también llamado cártel bancario privado) establecido para proteger poderosos intereses financieros, los temores de inflación, los elevados déficits gubernamentales, y si las acciones de la Reserva Federal aumentaron la gravedad de la Gran Depresión de los años 30 (y/o la gravedad o frecuencia de otros ciclos económicos de auge y caída, como la recesión de finales de la década de 2000).

Banco de la Reserva Federal

Un **Banco de la Reserva Federal** es un banco regional del Sistema de la Reserva Federal, el sistema bancario central de los Estados Unidos. Hay doce en total, uno por cada uno de los doce **Distritos de la Reserva Federal** que fueron creados por la Ley de la Reserva Federal de 1913. Los bancos son responsables conjuntamente de aplicar la política monetaria establecida por el Comité Federal de Mercado Abierto, y se dividen de la siguiente manera:

Algunos bancos también poseen sucursales, y todo el sistema tiene su sede en el edificio Eccles de Washington, D.C.

Historia

Los Bancos de la Reserva Federal son las instituciones más recientes que el gobierno de Estados Unidos ha creado para desempeñar las funciones de un banco central. Entre las instituciones anteriores se encuentran el Primer (1791-1811) y el Segundo (1818-1824) Banco de los Estados Unidos, el Tesoro Independiente (1846-1920) y el Sistema Bancario Nacional (1863-1935). Estas instituciones han planteado varias cuestiones políticas, como el grado de influencia de los intereses privados, el equilibrio de las preocupaciones económicas regionales, la prevención de los pánicos financieros y el tipo de reservas utilizadas para respaldar la moneda. Una crisis financiera conocida como el Pánico de 1907 amenazó a varios bancos de Nueva York con la quiebra, un resultado que se evitó gracias a los préstamos concertados por el banquero J. P. Morgan. Morgan consiguió restablecer la confianza de la comunidad bancaria neoyorquina, pero el pánico puso de manifiesto las debilidades del sistema financiero estadounidense, de forma que un banquero privado podía dictar las condiciones de supervivencia de un banco. En otras partes del país, las cámaras de compensación emitieron brevemente sus propios billetes de dinero para continuar con su actividad. En respuesta, el Congreso formó la Comisión Monetaria Nacional para investigar las opciones para proporcionar moneda y crédito en futuros pánicos. Basándose en las conclusiones de la Comisión y en otras propuestas, el Congreso estableció el Sistema de la Reserva Federal, en el que varios Bancos de la Reserva Federal proporcionarían liquidez a los bancos de diferentes regiones del país. Los Bancos de la Reserva Federal abrieron sus puertas en noviembre de 1914.

Situación jurídica

Los Bancos de la Reserva están organizados como corporaciones autofinanciadas y facultados por el Congreso para distribuir la moneda y regular su valor según las políticas establecidas por el Comité Federal de Mercado Abierto y la Junta de Gobernadores. Su estructura corporativa refleja los intereses concurrentes del gobierno y de los bancos miembros, pero ninguno de estos intereses equivale a la propiedad absoluta.

Los casos legales que involucran a los Bancos de la Reserva Federal han concluido que no son ni "privados" ni "gubernamentales" como regla general, pero pueden ser tratados como uno u otro dependiendo de la ley particular en cuestión. En el caso *United States Shipping Board Emergency Fleet Corporation v. Western Union Telegraph Co.* , el Tribunal Supremo de los Estados Unidos declaró: "Los instrumentos como los bancos nacionales o los bancos de la reserva federal, en los que hay intereses privados, no son departamentos del gobierno. Son corporaciones privadas en las que el gobierno tiene un interés". Los Estados Unidos tienen un interés en los Bancos de la Reserva Federal como instrumentos creados por el gobierno federal y exentos de impuestos, cuyos beneficios pertenecen al gobierno federal, pero este interés no es propietario.

En el caso *Lewis v. United States*, el Tribunal de Apelación de los Estados Unidos para el Noveno Circuito declaró que "Los Bancos de la Reserva no son instrumentos federales a efectos de la FTCA [la Ley Federal de Reclamaciones por Agravios], sino que son corporaciones independientes, de propiedad privada y controladas localmente". Sin embargo, la opinión continuó diciendo que: "Los Bancos de la Reserva han sido considerados correctamente como instrumentos federales a algunos efectos", como la ley contra el soborno. Otra decisión relevante es la de *Scott v. Federal Reserve Bank of Kansas City*, en la que la distinción es

entre los Bancos de la Reserva Federal, que son entidades creadas por el gobierno federal, y la Junta de Gobernadores, que es una agencia federal.

La Ley de la Reserva Federal original proporcionó el capital inicial para los Bancos de la Reserva al requerir que los bancos participantes compraran acciones en un Banco de la Reserva en proporción a sus activos. Estas acciones pagan un dividendo de los beneficios del Banco de la Reserva, pero por lo demás son muy diferentes de las acciones ordinarias de una empresa privada. No pueden ser negociadas, transferidas o tomadas en préstamo, y no otorgan la propiedad del excedente del Banco de la Reserva. La propiedad de las acciones de un banco no le confiere un poder de voto proporcional para elegir a los directores del Banco de la Reserva; en cambio, cada banco miembro recibe tres votos clasificados para seis de los nueve directores del Banco de la Reserva, que están sujetos a las calificaciones definidas en la Ley de la Reserva Federal. Si un Banco de la Reserva se disolviera o liquidara, la Ley establece que los miembros tendrían derecho a rescatar sus acciones hasta su valor de compra, mientras que el excedente restante pertenecería al gobierno federal.

En cuanto a la relación estructural entre los doce bancos de la Reserva Federal y los bancos comerciales (miembros), el profesor de ciencias políticas Michael D. Reagan explica que la "propiedad" de los Bancos de la Reserva por parte de los bancos comerciales es simbólica; no ejercen el control de propiedad asociado al concepto de propiedad ni participan, más allá del dividendo legal, en los "beneficios" del Banco de la Reserva. ... Por lo tanto, la propiedad y la elección de los bancos en la base carecen de importancia sustantiva, a pesar de la apariencia superficial de control bancario privado que crea el acuerdo formal.

Función

Los Bancos de la Reserva Federal ofrecen diversos servicios al gobierno federal y al sector privado:

- Actuar como depositarios de las reservas bancarias
- Préstamos a los bancos para cubrir déficits de fondos a corto plazo, ciclos comerciales estacionales o demandas extraordinarias de liquidez (es decir, corridas)
- Cobro y compensación de pagos entre bancos
- Emisión de billetes de banco para la circulación general como moneda
- Administrar las cuentas de depósito del gobierno federal
- Realización de subastas y recompras de deuda federal
- Adquisición de obligaciones de entidades no bancarias mediante facilidades de crédito de emergencia autorizadas por el Consejo de Gobernadores

Históricamente, los Bancos de la Reserva compensaban a los bancos miembros por mantener las reservas en depósito (y, por tanto, no disponibles para préstamos) pagándoles un dividendo con cargo a los beneficios, limitado por ley al 6%. La Ley de Estabilización Económica de Emergencia (EESA) de 2008 autorizó además a los Bancos de la Reserva a pagar intereses sobre las reservas de los bancos miembros, mientras que la Ley FAST de 2015 impuso un límite adicional de dividendos igual al rendimiento determinado en la subasta más reciente de Notas del Tesoro a 10 años.

Aunque todos los Bancos de la Reserva tienen autoridad legal para realizar operaciones de mercado abierto, en la práctica sólo lo hace el Banco de la Reserva de Nueva York. Gestiona la Cuenta de Mercado Abierto del Sistema (SOMA), una cartera de valores emitidos o garantizados por el Estado que comparten todos los Bancos de la Reserva.

Finanzas

Los Bancos de la Reserva Federal financian sus propias operaciones, principalmente mediante la distribución de los ingresos de la Cuenta de Mercado Abierto del Sistema. Los gastos y los dividendos pagados son normalmente una pequeña fracción de los ingresos de un Banco de la Reserva Federal cada año. Los bancos pueden retener parte de sus ganancias en sus
propios excedentes que están limitados a 7.500 millones de dólares, en todo el sistema. El resto debe ser transferido a través de la Junta de Gobernadores al Secretario del Tesoro, que lo deposita en el fondo general del Tesoro.

Históricamente, los Bancos de Reserva se capitalizaban mediante depósitos de oro, y en 1933 se les transfirió todo el oro monetario de propiedad privada en virtud de la Orden Ejecutiva 6102. Este oro fue a su vez transferido al Tesoro en virtud de la Ley de la Reserva de Oro de 1934 a cambio de certificados de oro que no pueden ser canjeados según la legislación actual. Los Bancos de la Reserva siguen declarando estos certificados como activos, pero no representan la propiedad directa del oro y la Junta de Gobernadores ha declarado que "la Reserva Federal no posee oro".

Los Bancos de la Reserva Federal realizan continuamente auditorías internas de sus operaciones para garantizar que sus cuentas son exactas y cumplen con los principios contables del Sistema de la Reserva Federal. Los bancos también están sujetos a dos tipos de auditorías externas. Desde 1978, la Oficina de Rendición de Cuentas del Gobierno (GAO) ha realizado auditorías periódicas de las operaciones de los bancos. Las auditorías de la GAO se comunican al público, pero no pueden revisar las decisiones de política monetaria de un banco ni revelarlas al público. Desde 1999, cada banco está obligado a someterse a una auditoría anual realizada por una empresa de contabilidad externa, que elabora un informe confidencial para el banco y una declaración resumida para el informe anual del banco. Algunos miembros del Congreso siguen abogando por una auditoría más pública e intrusiva del Sistema de la Reserva Federal por parte de la GAO, pero los representantes de la Reserva Federal apoyan las restricciones existentes para evitar la influencia política sobre las decisiones económicas de largo alcance.

Bancos

La Reserva Federal identifica oficialmente los distritos por el número y la ciudad del Banco de la Reserva.

- 1º Distrito (A) - Banco de la Reserva Federal de Boston
- 2º Distrito (B) - Banco de la Reserva Federal de Nueva York
- 3º Distrito (C) - Banco de la Reserva Federal de Filadelfia
- 4º Distrito (D) - Banco de la Reserva Federal de Cleveland, con sucursales en Cincinnati, Ohio y Pittsburgh, Pennsylvania
- 5º Distrito (E) - Banco de la Reserva Federal de Richmond, con sucursales en Baltimore, Maryland y Charlotte, Carolina del Norte
- 6º Distrito (F) - Banco de la Reserva Federal de Atlanta, con sucursales en Birmingham (Alabama), Jacksonville (Florida), Miami (Florida), Nashville (Tennessee) y Nueva Orleans (Luisiana)
- 7º Distrito (G) - Banco de la Reserva Federal de Chicago, con una sucursal en Detroit, Michigan.
- 8º Distrito (H) - Banco de la Reserva Federal de St. Louis, con sucursales en Little Rock, Arkansas; Louisville, Kentucky; y Memphis, Tennessee
- 9º Distrito (I) - Banco de la Reserva Federal de Minneapolis, con una sucursal en Helena, Montana
- 10º Distrito (J) - Banco de la Reserva Federal de Kansas City, con sucursales en Denver, Colorado; Oklahoma City, Oklahoma; y Omaha, Nebraska
- Distrito 11 (K) - Banco de la Reserva Federal de Dallas, con sucursales en El Paso, Texas; Houston, Texas; y San Antonio, Texas

- Distrito 12 (L) - Banco de la Reserva Federal de San Francisco, con sucursales en Los Ángeles, California; Portland, Oregón; Salt Lake City, Utah; y Seattle, Washington

El distrito de la Reserva Federal de Nueva York es el mayor por valor de los activos. San Francisco, seguido de Kansas City y Minneapolis, representan los mayores distritos geográficos. Missouri es el único estado que tiene dos bancos de la Reserva Federal (Kansas City y St. Louis). California, Florida, Missouri, Ohio, Pennsylvania, Tennessee y Texas son los únicos estados que tienen dos o más sucursales del Banco de la Reserva Federal en sus estados, y Missouri, Pennsylvania y Tennessee tienen sucursales de dos distritos diferentes dentro del mismo estado. En el 12º Distrito, la sucursal de Seattle atiende a Alaska y la de San Francisco a Hawai. Nueva York, Richmond y San Francisco son los únicos bancos que supervisan territorios no estatales de Estados Unidos. El sitio web

El Sistema atiende a estos territorios de la siguiente manera: el Banco de Nueva York atiende al Estado Libre Asociado de Puerto Rico y a las Islas Vírgenes de Estados Unidos; el Banco de Richmond atiende al Distrito de Columbia; el Banco de San Francisco atiende a Samoa Americana, Guam y a la Mancomunidad de las Islas Marianas del Norte. La última vez que la Junta de Gobernadores revisó los límites de las sucursales del Sistema fue en febrero de 1996.

Respuestas de la Reserva Federal a la crisis de las hipotecas de alto riesgo

El sistema bancario central de Estados Unidos, la Reserva Federal, en colaboración con los bancos centrales de todo el mundo, tomó varias medidas para hacer frente a la crisis de las hipotecas de alto riesgo. El presidente de la Reserva Federal, Ben Bernanke, declaró a principios de 2008 "En términos generales, la respuesta de la Reserva Federal ha seguido dos vías: los esfuerzos para apoyar la liquidez y el funcionamiento del mercado y la búsqueda de nuestros objetivos macroeconómicos a través de la política monetaria." Un estudio realizado en 2011 por la Oficina de Rendición de Cuentas del Gobierno encontró que "en numerosas ocasiones en 2008 y 2009, la Junta de la Reserva Federal invocó la autoridad de emergencia en virtud de la Ley de la Reserva Federal de 1913 para autorizar nuevos programas de base amplia y la asistencia financiera a las instituciones individuales para estabilizar los mercados financieros. Los préstamos pendientes para los programas de emergencia alcanzaron un máximo de más de 1 billón de dólares a finales de 2008."

n términos generales, la Reserva Federal optó por dar un cheque en blanco" a los bancos, en lugar de proporcionarles liquidez y hacerse cargo de ellos. No cerró ni saneó la mayoría de los bancos con problemas; y no obligó a la dirección de los bancos ni a los funcionarios de os bancos responsables de asumir malos riesgos, a pesar de que la mayoría de ellos habían desempeñado un papel importante en la conducción al desastre de sus instituciones del sistema financiero en su conjunto. Esta abundancia de dinero y el trato amable eran lo contrario de las duras ondiciones que Estados Unidos había exigido cuando los ectores financieros de las economías de mercado emergentes sufrieron crisis en la década de 1990.

Señalización

En agosto de 2007, el Comité anunció que "los riesgos a la baja para el crecimiento han aumentado de forma apreciable", una señal de que podrían producirse recortes de los tipos de interés. Entre el 18 de septiembre de 2007 y el 30 de abril de 2008, el objetivo del tipo de interés de los fondos federales se redujo del 5,25% al 2% y el tipo de descuento se redujo del 5,75% al 2,25%, a través de seis medidas distintas.

Ampliación del balance de la Fed ("Credit easing")

La Reserva Federal puede crear dinero electrónicamente y utilizarlo para prestar contra garantías de diversos tipos, como los valores respaldados por hipotecas de la agencia o el papel comercial respaldado por activos. Esto es efectivamente "imprimir dinero" y aumenta la oferta monetaria, que en condiciones económicas normales crea una presión inflacionaria. Ben Bernanke denominó a este enfoque "flexibilización del crédito", posiblemente para distinguirlo de la expresión ampliamente utilizada de flexibilización cuantitativa, que sin embargo originalmente también se refería a la expansión de la "creación de crédito" (referencia: Richard Werner, Keizai Kyoshitsu: Keiki kaifuku, Ryoteiki kinyu kanwa kara, Nikkei, Nihon Keizai Shinbun, 2 de septiembre de 1995) . En una entrevista de marzo de 2009, declaró que la ampliación del balance de la Fed era necesaria "...porque nuestra economía es muy débil y la inflación es muy baja. Cuando la economía empiece a recuperarse, será el momento en que tengamos que deshacer esos programas, subir los tipos de interés, reducir la oferta monetaria y asegurarnos de que tenemos una recuperación que no implica inflación."

Tanto el tamaño real como el autorizado del balance de la Reserva Federal (es decir, la cantidad que se le permite tomar prestada del Tesoro para prestar) se incrementó significativamente durante la crisis. El dinero creado se canalizó a través de ciertas instituciones financieras, que lo utilizan para prestar a las empresas emitir los instrumentos financieros que sirven de garantía. El tipo o alcance de los activos que pueden servir de garantía para estos préstamos se ha ampliado a lo largo de la crisis.

En marzo de 2009, el Comité Federal de Mercado Abierto (FOMC) decidió aumentar el tamaño del balance de la Reserva Federal mediante la compra de hasta 750.000 millones de dólares adicionales de valores respaldados por hipotecas de agencias patrocinadas por el gobierno, con lo que el total de sus compras de estos valores ascenderá a 1,25 billones de dólares durante 2009, y aumentar sus compras de deuda de agencias este año en hasta 100.000 millones de dólares para alcanzar un total de hasta 200.000 millones de dólares. Además, para ayudar a mejorar las condiciones de los mercados de crédito privados, el Comité decidió comprar hasta 300.000 millones de dólares en valores del Tesoro a largo plazo durante 2009.

Normas sobre préstamos hipotecarios

En julio de 2008, la Reserva Federal finalizó las nuevas normas que se aplican a los prestamistas hipotecarios. El presidente de la Reserva Federal, Ben Bernanke, declaró que las normas "prohíben a los prestamistas conceder préstamos de mayor precio sin tener en cuenta la capacidad de los consumidores para realizar los pagos previstos y exigen a los prestamistas que verifiquen los ingresos y los activos en los que se basan para tomar la decisión de crédito. Además, en el caso de los préstamos más caros, los prestamistas deberán establecer cuentas de depósito en garantía para que los impuestos sobre la propiedad y los costes de los seguros se incluyan en los pagos mensuales regulares de los consumidores... Otras medidas abordan la coacción de los tasadores, las prácticas de los administradores y otras cuestiones. Creemos que las nuevas normas ayudarán a restablecer la confianza en el mercado hipotecario."

Operaciones de mercado abierto

Programa de compra de valores respaldados por hipotecas de la agencia (MBS)

La Reserva Federal y otros bancos centrales han llevado a cabo operaciones de mercado abierto para garantizar que los bancos miembros tengan acceso a los fondos (es decir, a la liquidez). Se trata de préstamos a corto plazo a los bancos miembros garantizados por valores públicos. Los bancos centrales también han reducido los tipos de interés que cobran a los bancos miembros (llamados tipos de descuento en Estados Unidos) por los préstamos a corto plazo. Ambas medidas lubrican eficazmente el sistema financiero, de dos maneras fundamentales. En primer lugar contribuyen a facilitar el acceso a los fondos a aquellas entidades con valores respaldados por hipotecas sin liquidez. Esto ayuda a estas entidades a evitar la venta de los MBS con grandes pérdidas. En segundo lugar, los fondos disponibles estimulan el mercado de papel comercial y la actividad económica general. Las respuestas específicas de los bancos centrales se incluyen en la cronología del impacto de la crisis subprime.

En noviembre de 2008, la Fed anunció un programa de 600.000 millones de dólares para comprar los MBS de las GSE, con el fin de ayudar a bajar los tipos hipotecarios.

Programas de base amplia

Mecanismo de subasta a plazo (TAF)

La Fed utiliza la Facilidad de Subasta a Plazo para proporcionar préstamos a corto plazo (liquidez) a los bancos. La Fed aumentó el importe mensual de estas subastas a 100.000 millones de dólares durante el mes de marzo de 2008, desde
60.000 millones de dólares en los meses anteriores. Además, se espera que los acuerdos de recompra a plazo se acumulen a
Se anunciaron 100.000 millones de dólares, que mejoran la capacidad de las instituciones financieras para vender deuda respaldada por hipotecas y de otro tipo. La Fed indicó que tanto el TAF como los acuerdos de recompra continuarán y se incrementarán según sea necesario. Durante marzo de 2008, la Fed también amplió los tipos de instituciones a las que presta dinero y los tipos de garantías que acepta para los préstamos.

Líneas de intercambio de dólares

Las Líneas de Canje de Dólares intercambiaron dólares con bancos centrales extranjeros por divisas para ayudar a resolver las interrupciones en los mercados de financiación en dólares en el extranjero.

Servicio de préstamo de valores a plazo (TSLF)

La Facilidad de Préstamo de Valores a Plazo subastaba préstamos de valores del Tesoro de Estados Unidos a los operadores primarios contra garantías elegibles.

Facilidad de crédito para el distribuidor primario (PDCF)

Coincidiendo con la quiebra de Bear Stearns, la Reserva Federal anunció la creación de una nueva facilidad de préstamo, la Primary Dealer Credit Facility. La PDCF ofrecía préstamos en efectivo a un día a los operadores primarios contra garantías elegibles.

Fondo de Liquidez del Mercado Monetario de Papel Comercial Respaldado por Activos (AMLF o ABCP MMMF)

La Facilidad de Liquidez de los Fondos de Inversión del Mercado Monetario Respaldados por Activos proporcionó préstamos a las instituciones de depósito y a sus filiales para financiar las compras de papel comercial respaldado por activos elegibles de los fondos de inversión del mercado monetario.

Mecanismo de financiación con papel comercial (CPFF)

El 7 de octubre de 2008, la Reserva Federal amplió aún más las garantías contra las que presta, para incluir el papel comercial. La acción convirtió a la Fed en una fuente crucial de crédito para las empresas no financieras, además de los bancos comerciales y las empresas de inversión. Los funcionarios de la Fed dijeron que comprarán toda la deuda que sea necesaria para que el mercado vuelva a funcionar. Se negaron a decir cuánto podría ser, pero señalaron que alrededor de 1,3 billones de dólares de papel comercial estarían calificados. El 1 de octubre de 2008 había 1,61 billones de dólares en papel comercial en circulación, ajustado estacionalmente, según los datos más recientes de la Reserva Federal. Esta cifra es inferior a los 1,70 billones de dólares de la semana anterior. Desde el verano de 2007, el mercado se ha reducido de más de 2,2 billones de dólares.

El Mecanismo de Financiación de Papel Comercial proporcionó préstamos a una entidad con fines especiales para financiar las compras de nuevas emisiones de papel comercial respaldado por activos y papel comercial no garantizado de emisores elegibles.

Mecanismo de Préstamo a Plazo para Valores Respaldados por Activos (TALF)

El Mecanismo de Préstamo a Plazo para Valores Respaldados por Activos proporcionó préstamos a inversores elegibles para financiar compras de valores respaldados por activos elegibles.

En noviembre de 2008, la Fed anunció el TALF de 200.000 millones de dólares. Este programa apoyó la emisión de valores respaldados por activos (ABS) garantizados por préstamos relacionados con automóviles, tarjetas de crédito, educación y pequeñas empresas. Esta medida se adoptó para compensar los problemas de liquidez.

En marzo de 2009, la Reserva Federal anunció que ampliaba el alcance del programa TALF para permitir préstamos contra otros tipos de garantías.

Ayuda a las instituciones individuales

Adquisición de Bear Stearns Companies, Inc. por JP Morgan Chase & Co. (JPMC)

En marzo de 2008, la Fed proporcionó fondos y garantías para que el banco J.P. Morgan Chase pudiera comprar Bear Stearns, una gran institución financiera con importantes valores respaldados por hipotecas (MBS) que se habían desplomado recientemente. Esta medida se adoptó en parte para evitar una posible venta forzosa de casi 210.000 millones de dólares de MBS y otros activos de Bear Stearns, que podría haber provocado una mayor devaluación de valores similares en todo el sistema bancario. Además, Bear había asumido un papel importante en el sistema financiero a través de los derivados de crédito, esencialmente asegurándose contra (o especulando con) los impagos de hipotecas y otras deudas. El riesgo para su capacidad de desempeñar su papel como contraparte en estos acuerdos de derivados era otra gran amenaza para el sistema bancario.

Los programas incluían un **Préstamo Puente**, un préstamo a un día concedido a la filial de
JPMC, con el que esta filial hizo un préstamo directo a Bear Stearns Companies, Inc, y **Maiden Lane (I)**, un vehículo de propósito especial creado para comprar aproximadamente 30.000 millones de dólares de activos relacionados con hipotecas de Bear Stearns.

Asistencia de AIG

La Reserva Federal creó cinco programas para dar asistencia a AIG:

1. **Línea de crédito renovable**, un préstamo renovable para los fines corporativos generales de AIG y sus filiales, y para pagar las obligaciones a su vencimiento.
2. **Securities Borrowing Facility**, que proporcionó préstamos en efectivo con garantía para reducir la presión sobre AIG para liquidar los valores respaldados por hipotecas residenciales (RMBS) en su cartera de préstamos de valores.
3. **Maiden Lane II**, una sociedad instrumental creada para comprar RMBS de carteras de préstamos de valores de filiales de AIG.
4. **Maiden Lane III**, una sociedad instrumental creada para comprar obligaciones de deuda colateralizadas sobre las que AIG Financial Products había suscrito swaps de incumplimiento crediticio.
5. **Life Insurance Securitization**, que estaba autorizada a conceder créditos a AIG que se reembolsarían con los flujos de caja de sus negocios de seguros de vida. Nunca se utilizó.

Préstamos a las filiales de algunos operadores primarios

La Reserva Federal concedió préstamos a las filiales de corredores de bolsa de cuatro operadores primarios en condiciones similares a las del PDCF.

Compromiso de préstamo de Citigroup Inc.

El compromiso de préstamo de Citigroup Inc. era un compromiso de proporcionar un préstamo sin recurso a Citigroup contra los activos del ringfence si las pérdidas del conjunto de activos alcanzaban los 56.200 millones de dólares.

Compromiso de préstamo de Bank of America Corporation

El compromiso de préstamo de Bank of America Corporation era un compromiso de proporcionar una línea de crédito sin recurso a Bank of America si las pérdidas en los activos de la valla de protección superaban los 18.000 millones de dólares (el acuerdo nunca se concretó).

Ley de Transparencia de la Reserva Federal

La **Ley de Transparencia de la Reserva Federal de 2015** (H.R. 24) fue un proyecto de ley presentado en la Cámara de Representantes de Estados Unidos del 114° Congreso de Estados Unidos por el congresista Thomas Massie (KY-4). Incluía propuestas para una auditoría reformada del Sistema de la Reserva Federal (la "Fed"). La versión del Senado fue presentada por el senador Rand Paul (R-KY). (S. 264).

La versión original del proyecto de ley, (H.R. 1207), fue propuesta por el ahora retirado
congresista Ron Paul en respuesta a la crisis financiera de 2008 durante el 111° Congreso de los Estados Unidos. El Senado

versión fue presentada por Bernie Sanders (I-VT). (S. 604). Ron Paul se mostró decepcionado con la versión del Senado del proyecto de ley, afirmando que "destruye el espíritu de una auditoría verdaderamente significativa de las transacciones más cruciales de la Fed".

El proyecto de ley se presentó posteriormente en el 112º Congreso de los Estados Unidos como (H.R. 459)/S. 202 y en el 113º Congreso de los Estados Unidos como (H.R. 24)/S. 209. Los tres intentos anteriores se aprobaron en la Cámara de Representantes de Estados Unidos, pero murieron en el Senado.

Propósito

Según su breve título, la Ley de Transparencia de la Reserva Federal de 2009 (H.R. 1207) habría enmendado el Título 31 del Código de los Estados Unidos "para reformar la forma en que la Junta de Gobernadores del Sistema de la Reserva Federal es auditada por el Contralor General de los Estados Unidos y la forma en que se informa de dichas auditorías". Habría suprimido las excepciones al protocolo de auditoría del 31 U.S.C. § 714 para el Sistema de la Reserva Federal, el banco central de Estados Unidos, y habría sustituido un plazo indefinido por una fecha límite de diciembre de 2010. Si se hubiera promulgado, el proyecto de ley también habría garantizado que los resultados de la auditoría estuvieran a disposición del Congreso. La auditoría incluiría la "ventana de descuento" de la Fed, sus facilidades de financiación, sus operaciones de mercado abierto y sus acuerdos con banqueros extranjeros.

La Junta de Gobernadores del Sistema de la Reserva Federal ha declarado que "los estados financieros de los bancos de la Reserva Federal y de la Junta de Gobernadores son auditados anualmente por un auditor externo independiente". El patrocinador del proyecto de ley, el congresista Ron Paul (R-TX), contraatacó afirmando que el actual proceso de auditoría exime a las "actividades más cruciales" de la Fed.

Casa

El representante Paul presentó el proyecto de ley en la Cámara de Representantes de EE.UU.
del 111º Congreso el 26 de febrero de 2009, momento en el que se remitió al Comité de Servicios Financieros. Sus 11 copatrocinadores originales fueron Neil Abercrombie (D-HI), Michele Bachmann (R-MN), Roscoe Bartlett (R-MD), Paul Broun (R-GA), Dan Burton (R-IN), Walter B. Jones (R-NC), Steve Kagen (D-WI), Ted Poe (R-TX), Bill Posey (R-FL), Denny Rehberg (R-MT) y Lynn Woolsey (D-CA).

Inmediatamente promovió el proyecto de ley en la Conferencia anual de Acción Política Conservadora (CPAC) el 27 de febrero. Paul acusa al Comité Federal de Mercado Abierto de ser "poco transparente" con sus reuniones secretas. En un editorial de abril de 2009, Paul agradeció a la Reserva Federal su intento de mejorar la transparencia y la responsabilidad, pero lo calificó de "escaparate en el mejor de los casos, y totalmente inútil en el peor".

Progreso

Cuando el 111° Congreso llegó a su fin en diciembre de 2010, la ley H.R. 1207 contaba con 320 copatrocinadores, incluidos todos los republicanos de la Cámara, así como más de 100 demócratas, lo que sugiere un amplio apoyo bipartidista. El 11 de junio, Dennis Kucinich (demócrata de Ohio) se convirtió en el 218° copatrocinador, según consta en THOMAS.gov; se necesitan 218 votos para aprobar cualquier proyecto de ley en la Cámara, y 290 para obtener una mayoría a prueba de veto. Barney Frank (D-MA), presidente del Comité de Servicios Financieros de la Cámara de Representantes, por el que debe pasar el proyecto de ley, apoyó finalmente el proyecto en agosto tras meses de silencio. Más tarde, Frank cambió su posición sobre el proyecto de ley después de que la enmienda de Watt fuera rechazada y las revisiones de Watt deshechas por una enmienda copatrocinada por Paul y Alan Grayson (D-FL).

Enmienda a la Ley de Mejora de la Estabilidad Financie de 2009 (HR 3996)

El 19 de noviembre de 2009, el Comité de Servicios Financieros aprobó la enmienda PaulGrayson a la Ley de Mejora de la Estabilidad Financiera de 2009 (H.R. 3996). La enmienda incluye muchas disposiciones de la Ley de Transparencia de la Reserva Federal, como la eliminación de las restricciones de auditoría de la GAO y la posibilidad de realizar una auditoría más completa de la Reserva Federal, incluida la revisión de diversas políticas y acuerdos con entidades extranjeras. Fue aprobada en una votación de 43-26, con apoyo bipartidista a pesar de la oposición de antiguo partidario y presidente del Comité, Barney Frank. También se opusieron a la enmienda el presidente de la Reserva Federal, Ben Bernanke, el secretario del Tesoro, Tim Geithner, y otros miembros de la administración Obama.

Frank se negó a votar a favor de la enmienda final después de que los cambios propuestos por su colega demócrata Melvin Watt, que representa el 12º distrito del Congreso de Carolina del Norte, que abarca la mayor parte de la ciudad natal de Bank of America, fueran eliminados en favor del lenguaje original de la enmienda propuesta por Paul y Grayson. La versión propuesta por Watt incluía disposiciones que permitían las auditorías del balance de la Fed, pero no de la política monetaria. Ryan Grim, colaborador del blog de noticias de tendencia izquierdista *The Huffington Post,* sugirió que la enmienda de Watt era un intento de crear menos transparencia que antes en la Reserva Federal.

Aprobación por la Cámara

La Ley de Mejora de la Estabilidad Financiera se combinó, junto con otros proyectos de ley del mismo comité, en la Ley de Reforma de Wall Street y Protección del Consumidor de 2009 - Ley de Mejora de la Estabilidad Financiera de 2009 (H.R. 4173). La Cámara de Representantes aprobó el nuevo proyecto de ley el 11 de diciembre de 2009 con una votación de 223-202. La votación fue mayoritariamente partidista, sin que ningún republicano votara a favor del proyecto. Paul, objetando algunas de las disposiciones del proyecto de ley combinado, votó en contra de la aprobación a pesar de la inclusión de las disposiciones de auditoría que había propuesto durante años.

Senado

El 16 de marzo de 2009, el senador estadounidense Bernie Sanders (I-VT) presentó la versión complementaria en el Senado, S. 604, la Ley de Transparencia de la Reserva Federal de 2009, con las mismas disposiciones. Esta versión se remitió al Comité de Banca, Vivienda y Asuntos Urbanos. El proyecto de ley tenía 32 copatrocinadores a fecha de 28 de enero de 2010.

Enmienda del Senado 1367

El 6 de julio de 2009, el senador estadounidense Jim DeMint intentó enmendar la HR 2918, la Ley de Asignaciones del Poder Legislativo, añadiendo el texto completo de la S. 604 como enmienda del Senado 1367. Sin embargo,
El senador estadounidense Ben Nelson detuvo la enmienda alegando que violaba la Regla 16 del Senado, al "legislar" sobre un proyecto de ley de asignaciones. El presidente del Senado estuvo de acuerdo, pero al ser cuestionado por DeMint, admitió que muchas otras auditorías de la GAO en el proyecto de ley también violaban la Regla 16, pero no tomó ninguna medida. El proyecto de ley se aprobó sin más cambios.

Legislación relacionada

Los dos títulos de estas dos versiones del proyecto de ley no deben confundirse con los mismos dos títulos (utilizados a la inversa) de las dos versiones de un proyecto de ley relacionado. La "Federal Reserve Sunshine Act of 2009" de la Cámara de Representantes, de Paul (H.R. 1348), y la "Federal Reserve Transparency Act of 2009" del Senado, de Sanders (S. 513), exigen que la Reserva Federal publique información sobre la ayuda financiera prestada a diversas entidades durante el rescate de 2008. Este proyecto de ley crea un sitio web en el que se enumeran todos los bancos que han recibido préstamos de la Reserva Federal desde el 24 de marzo de 2008, así como el importe, los plazos y la "justificación específica" de los préstamos. Sanders comentó:

"Me cuesta entender cómo han puesto 2,2 billones de dólares en riesgo sin hacer públicos esos nombres". El presidente de la Fed, Ben Bernanke, había dicho a Sanders que publicar los nombres haría que los bancos se sintieran estigmatizados y potencialmente reacios a pedir más préstamos. También se presentó un proyecto de ley en el 116º Congreso llamado Federal Reserve Sunshine Act of 2020 por el congresista Mark Green (TN-07). Este proyecto de ley anular la disposición de la Ley CARES que permite a la Junta de Gobernadores de la Reserva Federal celebrar reuniones sin cumplir las leyes federales sobre registros abiertos.

Crítica

El senador Judd Gregg calificó la enmienda Paul-Grayson de "complacer al populismo", diciendo que los requisitos de auditoría serían perjudiciales para la política monetaria. Gregg añadió que "es un gran trabajo de relaciones públicas; se va a casa y golpea a la Fed".

"Me opongo firmemente a la auditoría de la Fed", dijo la jefa de la Reserva Federal, Janet Yellen, afirmando que "ejercería presiones políticas a corto plazo" sobre el banco central y lo disuadiría de tomar las "decisiones difíciles" necesarias para frenar la inflación. La presidenta del banco central, al oponerse a la idea, dijo que "politizaría la política monetaria".

Abogacía

El apoyo a la Ley de Transparencia de la Reserva Federal de 2009 fue una de las cuestiones planteadas en el marco de las protestas nacionales del Tea Party de 2009. Durante un episodio del programa de *Glenn Beck* que se emitió el 15 de abril desde un mitin en el Álamo de San Antonio, Pat Gray entrevistó a un partidario local de la Ley de Transparencia, provocando los vítores de la multitud.

El apoyo al proyecto de ley también ha venido de la izquierda fuera del Congreso. En una carta dirigida al presidente del Comité de Servicios Financieros de la Cámara de Representantes, Barney Frank, al miembro de mayor rango, Spencer Bachus, y a sus miembros, varios progresistas, como los blogueros Jane Hamsher, de Firedoglake, Yves Smith, de Naked Capitalism, "Tyler Durden", de Zero Hedge, la escritora Naomi Klein, los líderes sindicales, el presidente de la AFL-CIO, Richard Trumka, el presidente del SEIU, Andy Stern, el presidente de United Steelworkers, Leo Gerard, los economistas Dean Baker, James K. Galbraith, Rob Johnson, y los profesores William K. Black, Thomas Ferguson y L. Randall Wray, presionaron a favor de la aprobación del proyecto de ley y en contra de la adopción de la enmienda propuesta por el diputado Watt.

El grupo de defensa Campaign for Liberty (CFL) anima a sus miembros a solicitar a los representantes que copatrocinen la Ley de Transparencia. Los republicanos universitarios de la Universidad Estatal de los Apalaches organizaron una asamblea con el tema de la Fiesta del Té de Boston para el día de los impuestos de 2009, con el fin de concienciar sobre la Ley de Transparencia. El presidente de la CFL, John Tate, promueve el proyecto de ley junto con la lucha contra "el silencioso y destructivo impuesto de la inflación monetaria", pensamiento del que se hizo eco el *Kansas City Star*. Ron Paul, Andrew Napolitano y el representante estatal Jim Guest promovieron el proyecto de ley "largamente" en la concurrida primera conferencia regional de CFL en St. Louis, Missouri (del 27 al 29 de marzo), afirmando el "derecho de los estadounidenses a saber adónde van sus dólares de los impuestos, especialmente los que van a las empresas del paquete de estímulo". El grupo pro-juego Gambling911.com también está interesado en la Ley de Transparencia, como una oportunidad para auditar la Reserva Federal, y también promovió la conferencia regional de la CFL "Celebración de la Libertad".

Donald Trump, durante su campaña para la nominación presidencial republicana de 2016, ha declarado que apoya la auditoría de la Fed.

Lightning Source UK Ltd.
Milton Keynes UK
UKHW021017190922
409092UK00010B/1092